SV

Band 174 der Bibliothek Suhrkamp

Hofmannsthals Gedichte und kleine Dramen sind in dieser Zusammenstellung zum ersten Male 1911 bei der Insel in Leipzig erschienen. Lange Zeit haben gerade sie den eigentlichen Ruhm des Dichters ausgemacht. Hofmannsthal zeigt sich in ihnen proteisch wandelbar und legt doch gleichzeitig in seinem Frühwerk den Keim zu fast allem, was er in den 30 Jahren danach noch geschrieben hat.

Hugo von Hofmannsthal

Gedichte und kleine Dramen

Suhrkamp Verlag

Erste Auflage 2018
Suhrkamp Verlag Berlin
Lizenzausgabe mit freundlicher Genehmigung des
Insel Verlages Frankfurt am Main

Umschlag: Willy Fleckhaus
Printed in Germany
ISBN 978-3-518-24145-5

Gedichte

VORFRÜHLING

Es läuft der Frühlingswind
Durch kahle Alleen,
Seltsame Dinge sind
In seinem Wehn.

Er hat sich gewiegt,
Wo Weinen war,
Und hat sich geschmiegt
In zerrüttetes Haar.

Er schüttelte nieder
Akazienblüten
Und kühlte die Glieder,
Die atmend glühten.

Lippen im Lachen
Hat er berührt,
Die weichen und wachen
Fluren durchspürt.

Er glitt durch die Flöte
Als schluchzender Schrei,
An dämmernder Röte
Flog er vorbei.

Er flog mit Schweigen
Durch flüsternde Zimmer
Und löschte im Neigen
Der Ampel Schimmer.

Es läuft der Frühlingswind
Durch kahle Alleen,
Seltsame Dinge sind
In seinem Wehn.

Durch die glatten
Kahlen Alleen
Treibt sein Wehn
Blasse Schatten

Und den Duft,
Den er gebracht,
Von wo er gekommen
Seit gestern nacht.

ERLEBNIS

Mit silbergrauem Dufte war das Tal
Der Dämmerung erfüllt, wie wenn der Mond
Durch Wolken sickert. Doch es war nicht Nacht.
Mit silbergrauem Duft des dunklen Tales
Verschwammen meine dämmernden Gedanken,
Und still versank ich in dem webenden,
Durchsichtgen Meere und verließ das Leben.
Wie wunderbare Blumen waren da,
Mit Kelchen dunkelglühend! Pflanzendickicht,
Durch das ein gelbrot Licht wie von Topasen
In warmen Strömen drang und glomm. Das Ganze

War angefüllt mit einem tiefen Schwellen
Schwermütiger Musik. Und dieses wußt ich,
Obgleich ichs nicht begreife, doch ich wußt es:
Das ist der Tod. Der ist Musik geworden,
Gewaltig sehnend, süß und dunkelglühend,
Verwandt der tiefsten Schwermut.
Aber seltsam!
Ein namenloses Heimweh weinte lautlos
In meiner Seele nach dem Leben, weinte,
Wie einer weint, wenn er auf großem Seeschiff
Mit gelben Riesensegeln gegen Abend
Auf dunkelblauem Wasser an der Stadt,
Der Vaterstadt, vorüberfährt. Da sieht er
Die Gassen, hört die Brunnen rauschen, riecht
Den Duft der Fliederbüsche, sieht sich selber,
Ein Kind, am Ufer stehn, mit Kindesaugen,
Die ängstlich sind und weinen wollen, sieht
Durchs offne Fenster Licht in seinem Zimmer –
Das große Seeschiff aber trägt ihn weiter,
Auf dunkelblauem Wasser lautlos gleitend
Mit gelben, fremdgeformten Riesensegeln.

VOR TAG

Nun liegt und zuckt am fahlen Himmelsrand
In sich zusammgesunken das Gewitter.
Nun denkt der Kranke: ›Tag! jetzt werd ich schlafen!‹
Und drückt die heißen Lider zu. Nun streckt
Die junge Kuh im Stall die starken Nüstern
Nach kühlem Frühduft. Nun im stummen Wald
Hebt der Landstreicher ungewaschen sich
Aus weichem Bett vorjährigen Laubes auf
Und wirft mit frecher Hand den nächsten Stein

Nach einer Taube, die schlaftrunken fliegt,
Und graust sich selber, wie der Stein so dumpf
Und schwer zur Erde fällt. Nun rennt das Wasser,
Als wollte es der Nacht, der fortgeschlichnen, nach
Ins Dunkel stürzen, unteilnehmend, wild
Und kalten Hauches hin, indessen droben
Der Heiland und die Mutter leise, leise
Sich unterreden auf dem Brücklein: leise,
Und doch ist ihre kleine Rede ewig
Und unzerstörbar wie die Sterne droben.
Er trägt sein Kreuz und sagt nur: »Meine Mutter!«
Und sieht sie an, und: »Ach, mein lieber Sohn!«
Sagt sie. – Nun hat der Himmel mit der Erde
Ein stumm beklemmend Zwiegespräch. Dann geht
Ein Schauer durch den schweren, alten Leib:
Sie rüstet sich, den neuen Tag zu leben.
Nun steigt das geisterhafte Frühlicht. Nun
Schleicht einer ohne Schuh von einem Frauenbett,
Läuft wie ein Schatten, klettert wie ein Dieb
Durchs Fenster in sein eigenes Zimmer, sieht
Sich im Wandspiegel und hat plötzlich Angst
Vor diesem blassen, übernächtigen Fremden,
Als hätte dieser selbe heute nacht
Den guten Knaben, der er war, ermordet
Und käme jetzt, die Hände sich zu waschen
Im Krüglein seines Opfers wie zum Hohn,
Und darum sei der Himmel so beklommen
Und alles in der Luft so sonderbar.
Nun geht die Stalltür. Und nun ist auch Tag.

REISELIED

Wasser stürzt, uns zu verschlingen,
Rollt der Fels, uns zu erschlagen,
Kommen schon auf starken Schwingen
Vögel her, uns fortzutragen.

Aber unten liegt ein Land,
Früchte spiegelnd ohne Ende
In den alterslosen Seen.

Marmorstirn und Brunnenrand
Steigt aus blumigem Gelände,
Und die leichten Winde wehn.

DIE BEIDEN

Sie trug den Becher in der Hand
– Ihr Kinn und Mund glich seinem Rand –,
So leicht und sicher war ihr Gang,
Kein Tropfen aus dem Becher sprang.

So leicht und fest war seine Hand:
Er ritt auf einem jungen Pferde,
Und mit nachlässiger Gebärde
Erzwang er, daß es zitternd stand.

Jedoch, wenn er aus ihrer Hand
Den leichten Becher nehmen sollte,
So war es beiden allzu schwer:
Denn beide bebten sie so sehr,
Daß keine Hand die andre fand
Und dunkler Wein am Boden rollte.

LEBENSLIED

Den Erben laß verschwenden
An Adler, Lamm und Pfau
Das Salböl aus den Händen
Der toten alten Frau!
Die Toten, die entgleiten,
Die Wipfel in dem Weiten –
Ihm sind sie wie das Schreiten
Der Tänzerinnen wert!

Er geht wie den kein Walten
Vom Rücken her bedroht.
Er lächelt, wenn die Falten
Des Lebens flüstern: Tod!
Ihm bietet jede Stelle
Geheimnisvoll die Schwelle;
Es gibt sich jeder Welle
Der Heimatlose hin.

Der Schwarm von wilden Bienen
Nimmt seine Seele mit;
Das Singen von Delphinen
Beflügelt seinen Schritt:
Ihn tragen alle Erden
Mit mächtigen Gebärden.
Der Flüsse Dunkelwerden
Begrenzt den Hirtentag!

Das Salböl aus den Händen
Der toten alten Frau
Laß lächelnd ihn verschwenden
An Adler, Lamm und Pfau:
Er lächelt der Gefährten. –

Die schwebend unbeschwerten
Abgründe und die Gärten
Des Lebens tragen ihn.

GUTE STUNDE

Hier lieg ich, mich dünkt es der Gipfel der Welt,
Hier hab ich kein Haus, und hier hab ich kein Zelt!

Die Wege der Menschen sind um mich her,
Hinauf zu den Bergen und nieder zum Meer:

Sie tragen die Ware, die ihnen gefällt,
Unwissend, daß jede mein Leben enthält.

Sie bringen in Schwingen aus Binsen und Gras
Die Früchte, von denen ich lange nicht aß:

Die Feige erkenn ich, nun spür ich den Ort,
Doch lebte der lange vergessene fort!

Und war mir das Leben, das schöne, entwandt,
Es hielt sich im Meer, und es hielt sich im Land!

DEIN ANTLITZ ...

Dein Antlitz war mit Träumen ganz beladen.
Ich schwieg und sah dich an mit stummem Beben.
Wie stieg das auf! Daß ich mich einmal schon
In frühern Nächten völlig hingegeben

Dem Mond und dem zuviel geliebten Tal,
Wo auf den leeren Hängen auseinander
Die magern Bäume standen und dazwischen
Die niedern kleinen Nebelwolken gingen

Und durch die Stille hin die immer frischen
Und immer fremden silberweißen Wasser
Der Fluß hinrauschen ließ – wie stieg das auf!

Wie stieg das auf! Denn allen diesen Dingen
Und ihrer Schönheit – die unfruchtbar war –
Hingab ich mich in großer Sehnsucht ganz,
Wie jetzt für das Anschaun von deinem Haar
Und zwischen deinen Lidern diesen Glanz!

WELTGEHEIMNIS

Der tiefe Brunnen weiß es wohl,
Einst waren alle tief und stumm,
Und alle wußten drum.

Wie Zauberworte, nachgelallt
Und nicht begriffen in den Grund,
So geht es jetzt von Mund zu Mund.

Der tiefe Brunnen weiß es wohl;
In den gebückt, begriffs ein Mann,
Begriff es und verlor es dann.

Und redet' irr und sang ein Lied –
Auf dessen dunklen Spiegel bückt
Sich einst ein Kind und wird entrückt.

Und wächst und weiß nichts von sich selbst
Und wird ein Weib, das einer liebt
Und – wunderbar wie Liebe gibt!

Wie Liebe tiefe Kunde gibt! –
Da wird an Dinge, dumpf geahnt,
In ihren Küssen tief gemahnt ...

In unsern Worten liegt es drin,
So tritt des Bettlers Fuß den Kies,
Der eines Edelsteins Verlies.

Der tiefe Brunnen weiß es wohl,
Einst aber wußten alle drum,
Nun zuckt im Kreis ein Traum herum.

BALLADE DES ÄUSSEREN LEBENS

Und Kinder wachsen auf mit tiefen Augen,
Die von nichts wissen, wachsen auf und sterben,
Und alle Menschen gehen ihre Wege.

Und süße Früchte werden aus den herben
Und fallen nachts wie tote Vögel nieder
Und liegen wenig Tage und verderben.

Und immer weht der Wind, und immer wieder
Vernehmen wir und reden viele Worte
Und spüren Lust und Müdigkeit der Glieder.

Und Straßen laufen durch das Gras, und Orte
Sind da und dort, voll Fackeln, Bäumen, Teichen,
Und drohende, und totenhaft verdorrte ...

Wozu sind diese aufgebaut? und gleichen
Einander nie? und sind unzählig viele?
Was wechselt Lachen, Weinen und Erbleichen?

Was frommt das alles uns und diese Spiele,
Die wir doch groß und ewig einsam sind
Und wandernd nimmer suchen irgend Ziele?

Was frommts, dergleichen viel gesehen haben?
Und dennoch sagt der viel, der ›Abend‹ sagt,
Ein Wort, daraus Tiefsinn und Trauer rinnt

Wie schwerer Honig aus den hohlen Waben.

NOX PORTENTIS GRAVIDA

In hohen Bäumen ist ein Nebelspiel,
Und drei der schönen Sterne funkeln nah:
Die Hyazinthen an der dunkeln Erde
Erinnern sich, daß hier geschehen werde,
Was früher schon und öfter wohl geschah:
Daß Hermes und die beiden Dioskuren,
Funkelnd vor Übermut, die luftigen Spuren
Der windgetragenen Grazien umstellen
Und spielend, mit der Grausamkeit der Jagd,
Sie aus den Wipfeln scheuchen, ja die Wellen
Des Flusses nahe treiben, bis es tagt.

Der Dichter hat woanders seinen Weg,
Und mit den Augen der Meduse schauend
Sieht er das umgelegene fahle Feld
Sogleich entrückt und weiß nicht, wie es ist,

Und fügt es andern solchen Orten zu,
Wo seine Seele wie ein Kind verstellt,
Ein Dasein hat von keiner sichern Frist
In Adlersluft und abgestorbner Ruh.
Dort streut er ihr die Schatten und die Scheine
Der Erdendinge hin und Edelsteine.

Den dritten Teil des Himmels aber nimmt
Die Wolke ein von solcher Todesschwärze,
Wie sie die Seele dessen anfällt, der
Durch Nacht den Weg sich sucht mit einer Kerze:
Die Wolke, die hinzog am nächsten Morgen,
Mit Donnerschlag von tausenden Gewittern
Und blauem Lichte stark wie nahe Sonnen
Und schauerlichem Sturz von heißen Steinen,
Die Insel heimzusuchen, wo das Zittern
Aufblühen ließ die wundervollsten Wonnen;
Vor ungeheurer Angst erstorbenes Weinen
Der Kaufpreis war: daß in verstörten Gärten,
Die nie sich sahen, sich fürs Leben fanden
Und trunken sterbend, Rettung nicht begehrten;
Daß Gott entsprang den Luft- und Erdenbanden,
Verwaiste Kinder gleich Propheten glühten
Und alle Seelen wie die Sterne blühten.

GLÜCKLICHES HAUS

Auf einem offenen Altane sang
Ein Greise orgelspielend gegen Himmel,
Indes auf einer Tenne, ihm zu Füßen,
Der schlanke mit dem bärtigen Enkel focht,
Daß durch den reinen Schaft des Oleanders

Ein Zittern aufwärts lief; allein ein Vogel
Still in der Krone blütevollem Schein
Floh nicht und äugte klugen Blicks herab.
Auf dem behauenen Rand des Brunnens aber
Die junge Frau gab ihrem Kind die Brust.

Allein der Wanderer, dem die Straße sich
Entlang der Tenne ums Gemäuer bog,
Warf hinter sich den einen Blick des Fremden
Und trug in sich – gleich jener Abendwolke
Entschwebend, über stillem Fluß und Wald –
Das wundervolle Bild des Friedens fort.

BOTSCHAFT

Ich habe mich bedacht, daß schönste Tage
Nur jene heißen dürfen, da wir redend
Die Landschaft uns vor Augen in ein Reich
Der Seele wandelten; da hügelan
Dem Schatten zu wir stiegen in den Hain,
Der uns umfing wie schon einmal Erlebtes,
Da wir auf abgetrennten Wiesen still
Den Traum vom Leben niegeahnter Wesen,
Ja ihres Gehns und Trinkens Spuren fanden
Und überm Teich ein gleitendes Gespräch,
Noch tiefere Wölbung spiegelnd als der Himmel:
Ich habe mich bedacht auf solche Tage,
Und daß nächst diesen drei: gesund zu sein,
Am eignen Leib und Leben sich zu freuen,
Und an Gedanken, Flügeln junger Adler,
Nur eines frommt: gesellig sein mit Freunden.
So will ich, daß du kommst und mit mir trinkst

Aus jenen Krügen, die mein Erbe sind,
Geschmückt mit Laubwerk und beschwingten Kindern,
Und mit mir sitzest in dem Gartenturm:
Zwei Jünglinge bewachen seine Tür,
In deren Köpfen mit gedämpftem Blick
Halbabgewandt ein ungeheueres
Geschick dich steinern anschaut, daß du schweigst
Und meine Landschaft hingebreitet siehst:
Daß dann vielleicht ein Vers von dir sie mir
Veredelt künftig in der Einsamkeit
Und da und dort Erinnerung an dich
Ein Schatten nistet und zur Dämmerung
Die Straße zwischen dunklen Wipfeln rollt
Und schattenlose Wege in der Luft
Dahinrolln wie ein ferner goldner Donner.

TERZINEN ÜBER VERGÄNGLICHKEIT

I

Noch spür ich ihren Atem auf den Wangen:
Wie kann das sein, daß diese nahen Tage
Fort sind, für immer fort, und ganz vergangen?

Dies ist ein Ding, das keiner voll aussinnt,
Und viel zu grauenvoll, als daß man klage:
Daß alles gleitet und vorüberrinnt

Und daß mein eignes Ich, durch nichts gehemmt,
Herüberglitt aus einem kleinen Kind
Mir wie ein Hund unheimlich stumm und fremd.

Dann: daß ich auch vor hundert Jahren war
Und meine Ahnen, die im Totenhemd,
Mit mir verwandt sind wie mein eignes Haar,

So eins mit mir als wie mein eignes Haar.

II

Die Stunden! wo wir auf das helle Blauen
Des Meeres starren und den Tod verstehn,
So leicht und feierlich und ohne Grauen,

Wie kleine Mädchen, die sehr blaß aussehn,
Mit großen Augen, und die immer frieren,
An einem Abend stumm vor sich hinsehn

Und wissen, daß das Leben jetzt aus ihren
Schlaftrunknen Gliedern still hinüberfließt
In Bäum' und Gras, und sich matt lächelnd zieren

Wie eine Heilige, die ihr Blut vergießt.

III

Wir sind aus solchem Zeug, wie das zu Träumen,
Und Träume schlagen so die Augen auf
Wie kleine Kinder unter Kirschenbäumen,

Aus deren Krone den blaßgoldnen Lauf
Der Vollmond anhebt durch die große Nacht.
... Nicht anders tauchen unsre Träume auf,

Sind da und leben wie ein Kind, das lacht,
Nicht minder groß im Auf- und Niederschweben
Als Vollmond, aus Baumkronen aufgewacht.

Das Innerste ist offen ihrem Weben,
Wie Geisterhände in versperrtem Raum
Sind sie in uns und haben immer Leben.

Und drei sind Eins: ein Mensch, ein Ding, ein Traum.

IV

Zuweilen kommen niegeliebte Frauen
Im Traum als kleine Mädchen uns entgegen
Und sind unsäglich rührend anzuschauen,

Als wären sie mit uns auf fernen Wegen
Einmal an einem Abend lang gegangen,
Indes die Wipfel atmend sich bewegen

Und Duft herunterfällt und Nacht und Bangen,
Und längs des Weges, unsres Wegs, des dunkeln,
Im Abendschein die stummen Weiher prangen

Und, Spiegel unsrer Sehnsucht, traumhaft funkeln,
Und allen leisen Worten, allem Schweben
Der Abendluft und erstem Sternefunkeln

Die Seelen schwesterlich und tief erbeben
Und traurig sind und voll Triumphgepränge
Vor tiefer Ahnung, die das große Leben

Begreift und seine Herrlichkeit und Strenge.

MANCHE FREILICH ...

Manche freilich müssen drunten sterben,
Wo die schweren Ruder der Schiffe streifen,
Andre wohnen bei dem Steuer droben,
Kennen Vogelflug und die Länder der Sterne.

Manche liegen immer mit schweren Gliedern
Bei den Wurzeln des verworrenen Lebens,
Andern sind die Stühle gerichtet
Bei den Sibyllen, den Königinnen,
Und da sitzen sie wie zu Hause,
Leichten Hauptes und leichter Hände.

Doch ein Schatten fällt von jenen Leben
In die anderen Leben hinüber,
Und die leichten sind an die schweren
Wie an Luft und Erde gebunden:

Ganz vergessener Völker Müdigkeiten
Kann ich nicht abtun von meinen Lidern,
Noch weghalten von der erschrockenen Seele
Stummes Niederfallen ferner Sterne.

Viele Geschicke weben neben dem meinen,
Durcheinander spielt sie alle das Dasein,
Und mein Teil ist mehr als dieses Lebens
Schlanke Flamme oder schmale Leier.

EIN TRAUM VON GROSSER MAGIE

Viel königlicher als ein Perlenband
Und kühn wie junges Meer im Morgenduft,
So war ein großer Traum – wie ich ihn fand.

Durch offene Glastüren ging die Luft.
Ich schlief im Pavillon zu ebner Erde,
Und durch vier offne Türen ging die Luft –

Und früher liefen schon geschirrte Pferde
Hindurch und Hunde eine ganze Schar
An meinem Bett vorbei. Doch die Gebärde

Des Magiers – des Ersten, Großen – war
Auf einmal zwischen mir und einer Wand:
Sein stolzes Nicken, königliches Haar.

Und hinter ihm nicht Mauer: es entstand
Ein weiter Prunk von Abgrund, dunklem Meer
Und grünen Matten hinter seiner Hand.

Er bückte sich und zog das Tiefe her.
Er bückte sich, und seine Finger gingen
Im Boden so, als ob es Wasser wär.

Vom dünnen Quellenwasser aber fingen
Sich riesige Opale in den Händen
Und fielen tönend wieder ab in Ringen.

Dann warf er sich mit leichtem Schwung der Lenden –
Wie nur aus Stolz – der nächsten Klippe zu;
An ihm sah ich die Macht der Schwere enden.

In seinen Augen aber war die Ruh
Von schlafend- doch lebendgen Edelsteinen.
Er setzte sich und sprach ein solches Du

Zu Tagen, die uns ganz vergangen scheinen,
Daß sie herkamen trauervoll und groß:
Das freute ihn zu lachen und zu weinen.

Er fühlte traumhaft aller Menschen Los,
So wie er seine eignen Glieder fühlte.
Ihm war nichts nah und fern, nichts klein und groß.

Und wie tief unten sich die Erde kühlte,
Das Dunkel aus den Tiefen aufwärts drang,
Die Nacht das Laue aus den Wipfeln wühlte,

Genoß er allen Lebens großen Gang
So sehr – daß er in großer Trunkenheit
So wie ein Löwe über Klippen sprang.

. . . .

Cherub und hoher Herr ist unser Geist –
Wohnt nicht in uns, und in die obern Sterne
Setzt er den Stuhl und läßt uns viel verwaist:

Doch Er ist Feuer uns im tiefsten Kerne
– So ahnte mir, da ich den Traum da fand –
Und redet mit den Feuern jener Ferne

Und lebt in mir wie ich in meiner Hand.

IM GRÜNEN ZU SINGEN

I

Hörtest du denn nicht hinein,
Daß Musik das Haus umschlich?
Nacht war schwer und ohne Schein,
Doch der sanft auf hartem Stein
Lag und spielte, das war ich.

Was ich konnte, sprach ich aus:
»Liebste du, mein Alles du!«
Östlich brach ein Licht heraus,
Schwerer Tag trieb mich nach Haus,
Und mein Mund ist wieder zu.

II

War der Himmel trüb und schwer,
Waren einsam wir so sehr,
Voneinander abgeschnitten!
Aber das ist nun nicht mehr:
Lüfte fließen hin und her;
Und die ganze Welt inmitten
Glänzt, als ob sie gläsern wär.

Sterne kamen aufgegangen,
Flimmern mein- und deinen Wangen,
Und sie wissens auch:
Stark und stärker wird ihr Prangen;
Und wir atmen mit Verlangen,
Liegen selig wie gefangen,
Spüren eins des andern Hauch.

III

Die Liebste sprach: »Ich halt dich nicht,
Du hast mir nichts geschworn.
Die Menschen soll man halten nicht,
sind nicht zur Treu geborn.

Zieh deine Straßen hin, mein Freund,
Beschau dir Land um Land,
In vielen Betten ruh dich aus,
Viel Frauen nimm bei der Hand.

Wo dir der Wein zu sauer ist,
Da trink du Malvasier,
Und wenn mein Mund dir süßer ist,
So komm nur wieder zu mir!«

LIEDCHEN DES HARLEKIN

Lieben, Hassen, Hoffen, Zagen,
Alle Lust und alle Qual,
Alles kann ein Herz ertragen.
Einmal um das andere Mal.

Aber weder Lust noch Schmerzen,
Abgestorben auch der Pein,
Das ist tödlich deinem Herzen,
Und so darfst du mir nicht sein!

Mußt dich aus dem Dunkel heben,
Wär es auch um neue Qual,
Leben mußt du, liebes Leben,
Leben noch dies eine Mal!

ZERBINETTA

Noch glaub ich dem einen ganz mich gehörend,
Noch mein' ich mir selber so sicher zu sein,
Da mischt sich im Herzen leise betörend
Schon einer nie gekosteten Freiheit,
Schon einer neuen verstohlenen Liebe
Schweifendes freches Gefühle sich ein!
Noch bin ich wahr, und doch ist es gelogen,
Ich halte mich treu und bin schon schlecht,
Mit falschen Gewichten wird alles gewogen –
Und halb mich wissend und halb im Taumel
Betrüg ich ihn endlich und lieb ihn noch recht!
Ja, halb mich wissend und halb im Taumel
Betrüge ich endlich und liebe noch recht!
So war es mit Pagliazzo
Und mit Mezzetin!
Dann war es Cavicchio,
Dann Buratin,
Dann Pasquariello!
Ach, und zuweilen,
Will es mir scheinen,
Waren es zwei!
Doch niemals Launen,
Immer ein Müssen!
Immer ein neues
Beklommenes Staunen.
Daß ein Herz so gar sich selber,
Gar sich selber nicht versteht!
Als ein Gott kam jeder gegangen,
Und sein Schritt schon machte mich stumm,
Küßte er mir Stirn und Wangen,
War ich von dem Gott gefangen
Und gewandelt um und um!

GESANG DER UNGEBORENEN

Vater, dir drohet nichts,
Siehe, es schwindet schon,
Mutter, das Ängstliche,
Das dich beirrte!
Wäre denn je ein Fest,
Wären nicht insgeheim
Wir die Geladenen,
Wir auch die Wirte?

LIED DER WELT

Flieg hin, Zeit, du bist meine Magd,
Schmück mich, wenn es nächtet, schmück mich, wenn es tagt,
Flicht mir mein Haar, spiel mir um den Schuh,
Ich bin die Frau, die Magd bist du.
Heia!
Doch einmal trittst du zornig herein,
Die Sterne schießen schiefen Schein,
Der Wind durchfährt den hohen Saal,
Die Sonn geht aus, das Licht wird fahl,
Der Boden gibt einen toten Schein,
Da wirst du meine Herrin sein!
O weh!
Und ich deine Magd, schwach und verzagt,
Gott sei's geklagt!
Flieg hin, Zeit! Die Zeit ist noch weit!
Heia!

Gestalten

EIN KNABE

I

Lang kannte er die Muscheln nicht für schön:
Er war zu sehr aus einer Welt mit ihnen;
Der Duft der Hyazinthen war ihm nichts
Und nichts das Spiegelbild der eigenen Mienen.

Doch alle seine Tage waren so
Geöffnet wie ein leierförmig Tal,
Darin er Herr und Knecht zugleich
Des weißen Lebens war und ohne Wahl.

Wie einer, der noch tut, was ihm nicht ziemt,
Doch nicht für lange, ging er auf den Wegen:
Der Heimkehr und unendlichem Gespräch
Hob seine Seele ruhig sich entgegen.

II

Eh er gebändigt war für sein Geschick,
Trank er viel Flut, die bitter war und schwer.
Dann richtete er sonderbar sich auf
Und stand am Ufer seltsam leicht und leer.

Zu seinen Füßen rollten Muscheln hin,
Und Hyazinthen hatte er im Haar,
Und ihre Schönheit wußte er, und auch,
Daß dies der Trost des schönen Lebens war.

Doch mit unsicherm Lächeln ließ er sie
Bald wieder fallen, denn ein großer Blick
Auf diese schönen Kerker zeigte ihm
Das eigne unbegreifliche Geschick.

DER JÜNGLING IN DER LANDSCHAFT

Die Gärtner legten ihre Beete frei,
Und viele Bettler waren überall
Mit schwarzverbundnen Augen und mit Krücken –
Doch auch mit Harfen und den neuen Blumen,
Dem starken Duft der schwachen Frühlingsblumen.

Die nackten Bäume ließen alles frei:
Man sah den Fluß hinab und sah den Markt,
Und viele Kinder spielen längs den Teichen.
Durch diese Landschaft ging er langsam hin
Und fühlte ihre Macht und wußte – daß
Auf ihn die Weltgeschicke sich bezogen.

Auf jene fremden Kinder ging er zu
Und war bereit, an unbekannter Schwelle
Ein neues Leben dienend hinzubringen.
Ihm fiel nicht ein, den Reichtum seiner Seele,
Die frühern Wege und Erinnerung
Verschlungner Finger und getauschter Seelen
Für mehr als nichtigen Besitz zu achten.

Der Duft der Blumen redete ihm nur
Von fremder Schönheit – und die neue Luft
Nahm er stillatmend ein, doch ohne Sehnsucht:
Nur daß er dienen durfte, freute ihn.

DER SCHIFFSKOCH, EIN GEFANGENER, SINGT:

Weh, geschieden von den Meinigen,
Lieg ich hier seit vielen Wochen;
Ach und denen, die mich peinigen,
Muß ich Mahl- um Mahlzeit kochen.

Schöne purpurflossige Fische,
Die sie mir lebendig brachten,
Schauen aus gebrochenen Augen.
Sanfte Tiere muß ich schlachten.

Stille Tiere muß ich schlachten,
Schöne Früchte muß ich schälen
Und für sie, die mich verachten,
Feurige Gewürze wählen.

Und wie ich gebeugt beim Licht in
Süß- und scharfen Düften wühle,
Steigen auf ins Herz der Freiheit
Ungeheuere Gefühle!

Weh, geschieden von den Meinigen,
Lieg ich hier seit wieviel Wochen!
Ach und denen, die mich peinigen,
Muß ich Mahl- um Mahlzeit kochen!

DES ALTEN MANNES SEHNSUCHT NACH DEM SOMMER

Wenn endlich Juli würde anstatt März,

Nichts hielte mich, ich nähme einen Rand,
Zu Pferd, zu Wagen oder mit der Bahn
Käm ich hinaus ins schöne Hügelland.

Da stünden Gruppen großer Bäume nah,
Platanen, Rüster, Ahorn oder Eiche:
Wie lang ists, daß ich keine solchen sah!

Da stiege ich vom Pferde oder riefe
Dem Kutscher: Halt! und ginge ohne Ziel
Nach vorwärts in des Sommerlandes Tiefe.

Und unter solchen Bäumen ruht ich aus;
In deren Wipfel wäre Tag und Nacht
Zugleich, und nicht so wie in diesem Haus,

Wo Tage manchmal öd sind wie die Nacht
Und Nächte fahl und lauernd wie der Tag.
Dort wäre Alles Leben, Glanz und Pracht.

Und aus dem Schatten in des Abendlichts
Beglückung tret ich, und ein Hauch weht hin,
Doch nirgends flüsterts: ›Alles dies ist nichts.‹

Das Tal wird dunkel, und wo Häuser sind,
Sind Lichter, und das Dunkel weht mich an,
Doch nicht vom Sterben spricht der nächtige Wind.

Ich gehe übern Friedhof hin und sehe
Nur Blumen sich im letzten Scheine wiegen,
Von gar nichts anderm fühl ich eine Nähe.

Und zwischen Haselsträuchern, die schon düstern,
Fließt Wasser hin, und wie ein Kind, so lausch ich
Und höre kein ›Dies ist vergeblich‹ flüstern!

Da ziehe ich mich hurtig aus und springe
Hinein, und wie ich dann den Kopf erhebe,
Ist Mond, indes ich mit dem Bächlein ringe.

Halb heb ich mich aus der eiskalten Welle,
Und einen glatten Kieselstein ins Land
Weit schleudernd steh ich in der Mondeshelle.

Und auf das mondbeglänzte Sommerland
Fällt weit ein Schatten: dieser, der so traurig
Hier nickt, hier hinterm Kissen an der Wand?

So trüb und traurig, der halb aufrecht kauert
Vor Tag und böse in das Frühlicht starrt
Und weiß, daß auf uns beide etwas lauert?

Er, den der böse Wind in diesem März
So quält, daß er die Nächte nie sich legt,
Gekrampft die schwarzen Hände auf sein Herz?

Ach, wo ist Juli und das Sommerland!

VERSE AUF EIN KLEINES KIND

Dir wachsen die rosigen Füße,
Die Sonnenländer zu suchen:
Die Sonnenländer sind offen!
An schweigenden Wipfeln blieb dort
Die Luft der Jahrtausende hangen,
Die unerschöpflichen Meere
Sind immer noch, immer noch da.
Am Rande des ewigen Waldes
Willst du aus der hölzernen Schale
Die Milch mit der Unke dann teilen?
Das wird eine fröhliche Mahlzeit,
Fast fallen die Sterne hinein!
Am Rande des ewigen Meeres
Schnell findest du einen Gespielen:
Den freundlichen guten Delphin.
Er springt dir ans Trockne entgegen,
Und bleibt er auch manchmal aus,
So stillen die ewigen Winde
Dir bald die aufquellenden Tränen.
Es sind in den Sonnenländern
Die alten, erhabenen Zeiten
Für immer noch, immer noch da!
Die Sonne mit heimlicher Kraft,
Sie formt dir die rosigen Füße,
Ihr ewiges Land zu betreten.

DER KAISER VON CHINA SPRICHT:

In der Mitte aller Dinge
Wohne Ich, der Sohn des Himmels.
Meine Frauen, meine Bäume,

Meine Tiere, meine Teiche
Schließt die erste Mauer ein.
Drunten liegen meine Ahnen:
Aufgebahrt mit ihren Waffen,
Ihre Kronen auf den Häuptern,
Wie es einem jeden ziemt,
Wohnen sie in den Gewölben.
Bis ins Herz der Welt hinunter
Dröhnt das Schreiten meiner Hoheit.
Stumm von meinen Rasenbänken,
Grünen Schemeln meiner Füße,
Gehen gleichgeteilte Ströme
Osten-, west- und süd- und nordwärts,
Meinen Garten zu bewässern,
Der die weite Erde ist.
Spiegeln hier die dunkeln Augen,
Bunten Schwingen meiner Tiere,
Spiegeln draußen bunte Städte,
Dunkle Mauern, dichte Wälder
Und Gesichter vieler Völker.
Meine Edlen, wie die Sterne,
Wohnen rings um mich, sie haben
Namen, die ich ihnen gab,
Namen nach der einen Stunde,
Da mir einer näher kam,
Frauen, die ich ihnen schenkte,
Und den Scharen ihrer Kinder,
Allen Edlen dieser Erde
Schuf ich Augen, Wuchs und Lippen,
Wie der Gärtner an den Blumen.
Aber zwischen äußern Mauern
Wohnen Völker meiner Krieger,
Völker meine Ackerbauer.
Neue Mauern und dann wieder

Jene unterworfnen Völker,
Völker immer dumpfern Blutes,
Bis ans Meer, die letzte Mauer,
Die mein Reich und mich umgibt.

GROSSMUTTER UND ENKEL

›Ferne ist dein Sinn, dein Fuß
Nur in meiner Tür!‹
Woher weißt du's gleich beim Gruß?
›Kind, weil ich es spür.‹

Was? ›Wie *Sie* aus süßer Ruh
Süß durch dich erschrickt.‹ –
Sonderbar, wie *Sie* hast du
Vor dich hingenickt.

›Einst . . .‹ Nein: jetzt im Augenblick!
Mich beglückt der Schein –
›Kind, was haucht dein Wort und Blick
Jetzt in mich hinein?

Meine Mädchenzeit voll Glanz
Mit verstohlnem Hauch
Öffnet mir die Seele ganz!‹
Ja, ich spür es auch:

Und ich bin bei dir und bin
Wie auf fremdem Stern:
Ihr und dir mit wachem Sinn
Schwankend nah und fern!

›Als ich dem Großvater dein
Mich fürs Leben gab,
Trat ich so verwirrt nicht ein
Wie nun in mein Grab.‹

Grab? Was redest du von dem?
Das ist weit von dir!
Sitzest plaudernd und bequem
Mit dem Enkel hier.

Deine Augen frisch und reg,
Deine Wangen hell –
›Flog nicht übern kleinen Weg
Etwas schwarz und schnell?‹

Etwas ist, das wie im Traum
Mich Verliebten hält.
Wie der enge schwüle Raum
Seltsam mich umstellt!

›Fühlst du, was jetzt mich umblitzt
Und mein stockend Herz?
Wenn du bei dem Mädchen sitzt,
Unter Kuß und Scherz,

Fühl es fort und denk an mich,
Aber ohne Graun:
Denk, wie ich im Sterben glich
Jungen, jungen Fraun.‹

GESPRÄCH

Der Jüngere

Ihr gleicht nun völlig dem vertriebnen Herzog,
Der zaubern kann und eine Tochter hat:
Dem im Theaterstück, dem Prospero.
Denn Ihr seid stark genug, in dieser Stadt
Mit Eurem Kind so frei dahinzuleben,
Als wäret Ihr auf einer wüsten Insel.
Ihr habt den Zaubermantel und die Bücher,
Mit Geistern zur Bedienung und zur Lust
Euch und die Tochter zu umgeben, nicht?
Sie kommen, wenn Ihr winkt, und sie verblassen,
Wenn Ihr die Stirne runzelt. Dieses Kind
Lernt früh, was wir erst spät begreifen lernten:
Daß alles Lebende aus solchem Stoff
Wie Träume und ganz ähnlich auch zergeht.
Sie wächst so auf und fürchtet sich vor nichts:
Mit Tieren und mit Toten redet sie
Zutraulich wie mit ihresgleichen, blüht
Schamhafter als die festverschloßne Knospe,
Weil sie auch aus der leeren Luft so etwas
Wie Augen stets auf sich gerichtet fühlt.
Allmählich wird sie größer, und Ihr lehrt sie:
›Hab du das Leben lieb, dich nicht zu lieb,
Und nur um seiner selbst, doch immerfort
Nur um des Guten willen, das darin ist.‹
In all dem ist für sie kein Widerspruch,
Denn so wie bunte Muscheln oder Vögel
Hat sie die Tugend lieb. Bis eines Tages
Ihr sie vermählt mit Einem, den Ihr völlig
Durchschaut, den Ihr geprüft auf solche Art,
Die kein unedler Mensch erträgt, als wäre er
Schiffbrüchig ausgeworfen auf der Insel,

Die Ihr beherrscht, und ganz Euch zugefallen
Wie Strandgut.

Der Ältere

Nun meine ich, ist mir ein Maß geschenkt,
Ein unveränderlich und sichres Maß,
Das mich für immer und untrüglich abhält,
Ein leeres Ding für voll zu nehmen, mich
Für Schales zu vergeuden, fremdem Fühlen
Und angelerntem Denken irgend Platz
In einer meiner Adern zu gestatten.
Nun kann zwar Krankheit, Elend oder Tod
Mich noch bedrohen, aber Lüge kaum.
Dazu ist dies mein neues Amt zu voll
Einfacher Hoheit. Und daran gemessen
Vergeht erlogne Wichtigkeit zu Nichts.
Ins Schloß gefallen sind die letzten Türen,
Durch die ich hatte einen schlimmen Weg
Antreten können. Durch und durch verstört,
Im Kern beschmutzt und völlig irr an Güte
Werd ich nun nicht mehr. Denn mich hat ein Glanz
Vom wahren Sinn des Lebens angeglüht.

GESELLSCHAFT

Sängerin

Sind wir jung und sind nicht alt,
Lieder haben viel Gewalt,
Machen leicht und machen schwer,
Ziehen deine Seele her.

Fremder
Leben gibt es nah und fern,
Was ich zeige, seht ihr gern –
Nicht die Schwere vieler Erden,
Nur die spielenden Gebärden.

Junger Herr
Vieles, was mir Freude schafft,
Fühl ich hier herangeflogen,
Aber gar so geisterhaft:
Glücklich – bin ich wie betrogen!

Dichter
Einen hellen Widerschein
Sehe ich im Kreise wandern:
Spürt auch jeder sich allein,
Spürt sich doch in allen andern.

Maler
Und wie zwischen leichten Lichtern
Flattert zwischen den Gesichtern
Schwaches Lachen hin und her.

Fremder
Lieder machen leicht und schwer!

Dichter
Lieder haben große Kraft –
Leben gibt es nah und fern.

Junger Herr
Was sie reden, hör ich gern,
Sei es immer geisterhaft.

DER JÜNGLING UND DIE SPINNE

Der Jüngling
vor sich mit wachsender Trunkenheit:

Sie liebt mich! Wie ich nun die Welt besitze,
Ist über alle Worte, alle Träume:
Mir gilt es, daß von jeder dunklen Spitze
Die stillen Wolken tieferleuch'te Räume
Hinziehn, von ungeheurem Traum erfaßt:
So trägt es mich – daß ich mich nicht versäume! –
Dem schönen Leben, Meer und Land zu Gast.
Nein! wie ein Morgentraum vom Schläfer fällt
Und in die Wirklichkeit hineinverblaßt,
Ist mir die Wahrheit jetzt erst aufgehellt:
Nicht treib ich als ein Gast umher, mich haben
Dämonisch zum Gebieter hergestellt
Die Fügungen des Schicksals: Junge Knaben
Sind da, die Ernst und Spiele von mir lernten,
Ich seh, wie manche meine Mienen haben,
Geheimnisvoll ergreift es mich, sie ernten
Zu sehn, und an den Ufern, an den Hügeln
Spür ich in einem wundervoll entfernten
Traumbilde sich mein Innerstes entriegeln
Beim Anblick, den mir ihre Taten geben.
Ich schaue an den Himmel auf, da spiegeln
Die Wolkenreiche, spiegeln mir im Schweben
Ersehntes, Hergegebnes, mich, das Ganze!
Ich bin von einem solchen großen Leben
Umrahmt, ich habe mit dem großen Glanze
Der schönen Sterne eine also nah
Verwandte Trunkenheit –
Nach welcher Zukunft greif ich Trunkner da?
Doch schwebt sie her, ich darf sie schon berühren:
Denn zu den Sternen steigt, was längst geschah,

Empor, und andre, andre Ströme führen
Das Ungeschehene herauf, die Erde
Läßt es empor aus unsichtbaren Türen,
Bezwungen von der bittenden Gebärde!

So tritt er ans offene Fenster, das mit hellem Mondlicht angefüllt und von den Schatten wilder Weinblätter eingerahmt ist. Indem tritt unter seinen Augen aus dem Dunkel eines Blattes eine große Spinne mit laufenden Schritten hervor und umklammert den Leib eines kleinen Tieres. Es gibt in der Stille der Nacht einen äußerst leisen, aber kläglichen Laut, und man meint die Bewegungen der heftig umklammernden Glieder zu hören.

Der Jüngling
muß zurücktreten:

Welch eine Angst ist hier, welch eine Not.
Mein Blut muß ebben, daß ich dich da sehe,
Du häßliche Gewalt, du Tier, du Tod!
Der großen Träume wundervolle Nähe
Klingt ab, wie irgendwo das ferne Rollen
Von einem Wasserfall, den ich schon ehe
Gehört, da schien er kühn und angeschwollen,
Jetzt sinkt das Rauschen, und die hohe Ferne
Wird leer und öd aus einer ahnungsvollen:
Die Welt besitzt sich selber, o ich lerne!
Nicht hemme ich die widrige Gestalt
So wenig als den Lauf der schönen Sterne.
Vor meinen Augen tut sich die Gewalt,
Sie tut sich schmerzend mir im Herzen innen,
Sie hat an jeder meiner Fibern Halt,
Ich kann ihr – und ich will ihr nicht entrinnen:
Als wärens Wege, die zur Heimat führen,
Reißt es nach vorwärts mich mit allen Sinnen
Ins Ungewisse, und ich kann schon spüren
Ein unbegreiflich riesiges Genügen

Im Vorgefühl: ich werde dies gewinnen:
Schmerzen zu leiden, Schmerzen zuzufügen.
Nun spür ich schaudernd etwas mich umgeben,
Es türmt sich auf bis an die hohen Sterne,
Und seinen Namen weiß ich nun: das Leben.

Prologe und Trauerreden

PROLOG ZU DEM BUCH ›ANATOL‹

Hohe Gitter, Taxushecken,
Wappen nimmermehr vergoldet,
Sphinxe, durch das Dickicht schimmernd . . .
. . . Knarrend öffnen sich die Tore. –
Mit verschlafenen Kaskaden
Und verschlafenen Tritonen,
Rokoko, verstaubt und lieblich,
Seht . . . das Wien des Canaletto,
Wien von siebzehnhundertsechzig . . .
. . . Grüne, braune, stille Teiche,
Glatt und marmorweiß umrandet,
In dem Spiegelbild der Nixen
Spielen Gold- und Silberfische . . .
Auf dem glattgeschornen Rasen
Liegen zierlich gleiche Schatten
Schlanker Oleanderstämme;
Zweige wölben sich zur Kuppel,
Zweige neigen sich zur Nische
Für die steifen Liebespaare,
Heroinen und Heroen . . .
Drei Delphine gießen murmelnd
Fluten in ein Muschelbecken . . .
Duftige Kastanienblüten
Gleiten, schwirren leuchtend nieder
Und ertrinken in den Becken . . .

. . . Hinter einer Taxusmauer
Tönen Geigen, Klarinetten,
Und sie scheinen den graziösen
Amoretten zu entströmen,
Die rings auf der Rampe sitzen,
Fiedelnd oder Blumen windend,
Selbst von Blumen bunt umgeben,
Die aus Marmorvasen strömen:
Goldlack und Jasmin und Flieder . . .
. . . Auf der Rampe, zwischen ihnen
Sitzen auch kokette Frauen,
Violette Monsignori . . .
Und im Gras, zu ihren Füßen
Und auf Polstern, auf den Stufen
Kavaliere und Abbati . . .
Andre heben andre Frauen
Aus den parfümierten Sänften . . .
. . . Durch die Zweige brechen Lichter,
Flimmern auf den blonden Köpfchen,
Scheinen auf den bunten Polstern,
Gleiten über Kies und Rasen
Gleiten über das Gerüste,
Das wir flüchtig aufgeschlagen.
Wein und Winde klettert aufwärts
Und umhüllt die lichten Balken,
Und dazwischen farbenüppig
Flattert Teppich und Tapete,
Schäferszenen, keck gewoben,
Zierlich von Watteau entworfen . . .
Eine Laube statt der Bühne,
Sommersonne statt der Lampen,
Also spielen wir Theater,
Spielen unsre eigenen Stücke,
Frühgereift und zart und traurig,

Die Komödie unsrer Seele,
Unsres Fühlens Heut und Gestern,
Böser Dinge hübsche Formel,
Glatte Worte, bunte Bilder,
Halbes, heimliches Empfinden,
Agonieen, Episoden ...
Manche hören zu, nicht alle ...
Manche träumen, manche lachen,
Manche essen Eis ... und manche
Sprechen sehr galante Dinge ...
... Nelken wiegen sich im Winde,
Hochgestielte, weiße Nelken,
Wie ein Schwarm von weißen Faltern,
Und ein Bologneserhündchen
Bellt verwundert einen Pfau an.

ZU EINEM BUCH ÄHNLICHER ART

Merkt auf, merkt auf! Die Zeit ist sonderbar,
Und sonderbare Kinder hat sie: Uns!
Wer allzusehr verliebt ist in das Süße,
Erträgt uns nicht, denn unsre Art ist herb,
Und unsre Unterhaltung wunderlich.
　　›Schlagt eine kleine Bühne auf im Zimmer,
　　Denn die Haustochter will Theater spielen!‹
　　Meint ihr, sie wird als kleine Muse kommen,
　　Mit offnem Haar, und in den bloßen Armen
　　Wird eine leichte goldne Leier liegen?
　　Meint ihr als Schäferin, ein weißes Lamm
　　Am blauen Seidenband und auf den Lippen
　　Ein Lächeln, süß und billig wie die Reime
　　In Schäferspielen? Auf! und geht hinaus!
　　Geht fort, ich bitt euch, wenn ihr das erwartet!

Ihr könnt uns nicht ertragen, wir sind anders!
Wir haben aus dem Leben, das wir leben,
Ein Spiel gemacht, und unsere Wahrheit gleitet
Mit unserer Komödie durcheinander
Wie eines Taschenspielers hohle Becher –
Je mehr ihr hinseht, desto mehr betrogen!
Wir geben kleine Fetzen unsres Selbst
Für Puppenkleider. Wie die wahren Worte –
(An denen Lächeln oder Tränen hängen
Gleich Tau an einem Busch mit rauhen Blättern)
Erschrecken müssen, wenn sie sich erkennen,
In dieses Spiel verflochten, halb geschminkt,
Halb noch sich selber gleich, und so entfremdet
Der großen Unschuld, die sie früher hatten!
Ward je ein so verworrnes Spiel gespielt?
Es stiehlt uns von uns selbst und ist nicht lieblich
Wie Tanzen oder auf dem Wasser Singen,
Und doch ist es das reichste an Verführung
Von allen Spielen, die wir Kinder wissen,
Wir Kinder dieser sonderbaren Zeit.
Was wollt ihr noch? So sind wir nun einmal,
doch wollt ihr wirklich solche Dinge hören,
Bleibt immerhin! Wir lassen uns nicht stören.

ZUM GEDÄCHTNIS DES SCHAUSPIELERS MITTERWURZER

Er losch auf einmal aus so wie ein Licht.
Wir trugen alle wie von einem Blitz
Den Widerschein als Blässe im Gesicht.

Er fiel: da fielen alle Puppen hin,
In deren Adern er sein Lebensblut

Gegossen hatte; lautlos starben sic,
Und wo er lag, da lag ein Haufen Leichen,
Wüst hingestreckt: das Knie von einem Säufer
In eines Königs Aug gedrückt, Don Philipp
Mit Caliban als Alp um seinen Hals,
Und jeder tot.

Da wußten wir, wer uns gestorben war:
Der Zauberer, der große, große Gaukler!
Und aus den Häusern traten wir heraus
Und fingen an zu reden, wer er war.
Wer aber war er, und wer war er nicht?

Er kroch von einer Larve in die andre,
Sprang aus des Vaters in des Sohnes Leib
Und tauschte wie Gewänder die Gestalten.

Mit Schwertern, die er kreisen ließ so schnell,
Daß niemand ihre Klinge funkeln sah,
Hieb er sich selbst in Stücke: Jago war
Vielleicht das eine, und die andre Hälfte
Gab einen süßen Narren oder Träumer.
Sein ganzer Leib war wie ein Zauberschleier,
In dessen Falten alle Dinge wohnen:
Er holte Tiere aus sich selbst hervor:
Das Schaf, den Löwen, einen dummen Teufel
Und einen schrecklichen, und den, und jenen,
Und dich und mich. Sein ganzer Leib war glühend,
Von innerlichem Schicksal durch und durch
Wie Kohle glühend, und er lebte drin
Und sah auf uns, die wir in Häusern wohnen,
Mit jenem undurchdringlich fremden Blick
Des Salamanders, der im Feuer wohnt.

Er war ein wilder König. Um die Hüften
Trug er wie bunte Muscheln aufgereiht
Die Wahrheit und die Lüge von uns allen.
In seinen Augen flogen unsre Träume
Vorüber, wie von Scharen wilder Vögel
Das Spiegelbild in einem tiefen Wasser.

Hier trat er her, auf ebendiesen Fleck,
Wo ich jetzt steh, und wie im Tritonshorn
Der Lärm des Meeres eingefangen ist,
So war in ihm die Stimme alles Lebens:
Er wurde groß. Er war der ganze Wald,
Er war das Land, durch das die Straßen laufen.
Mit Augen wie die Kinder saßen wir
Und sahn an ihm hinauf wie an den Hängen
Von einem großen Berg: in seinem Mund
War eine Bucht, drin brandete das Meer.

Denn in ihm war etwas, das viele Türen
Aufschloß und viele Räume überflog:
Gewalt des Lebens, diese war in ihm.
Und über ihn bekam der Tod Gewalt!
Blies aus die Augen, deren innrer Kern
Bedeckt war mit geheimnisvollen Zeichen,
Erwürgte in der Kehle tausend Stimmen
Und tötete den Leib, der Glied für Glied
Beladen war mit ungebornem Leben.

Hier stand er. Wann kommt einer, der ihm gleicht?
Ein Geist, der uns das Labyrinth der Brust,
Bevölkert mit verständlichen Gestalten,
Erschließt aufs neu zu schauerlicher Lust?
Die er uns gab, wir konnten sie nicht halten

Und starren nun bei seines Namens Klang
Hinab den Abgrund, der sie uns verschlang.

AUF DEN TOD DES SCHAUSPIELERS HERMANN MÜLLER

Dies Haus und wir, wir dienen einer Kunst,
Die jeden tiefen Schmerz erquicklich macht
Und schmackhaft auch den Tod.

Und er, den wir uns vor die Seele rufen,
Er war so stark! Sein Leib war so begabt,
Sich zu verwandeln, daß es schien, kein Netz
Vermöchte ihn zu fangen! Welch ein Wesen!
Er machte sich durchsichtig, ließ das Weiße
Von seinem Aug die tiefste Heimlichkeit,
Die in ihm schlief, verraten, atmete
Die Seele der erdichteten Geschöpfe
Wie Rauch in sich und trieb sie durch die Poren
Von seinem Leib ans Tageslicht zurück.
Er schuf sich um und um, da quollen Wesen
Hervor, kaum menschlich, aber so lebendig –
Das Aug bejahte sie, ob nie zuvor
Dergleichen es geschaut: ein einzig Blinzeln,
Ein Atemholen zeugte, daß sie waren
Und noch vom Mutterleib der Erde dampften!
Und Menschen! Schließt die Augen, denkt zurück!
Bald üppige Leiber, drin nur noch im Winkel
Des Augs ein letztes Fünkcken Seele glost,
Bald Seelen, die um sich, nur sich zum Dienst
Ein durchsichtig Gehäus, den Leib, erbauen:
Gemeine Menschen, finstre Menschen, Könige,

Menschen zum Lachen, Menschen zum Erschaudern –
Er schuf sich um und um: da standen sie.

Doch wenn das Spiel verlosch und sich der Vorhang
Lautlos wie ein geschminktes Augenlid
Vor die erstorbne Zauberhöhle legte
Und er hinaustrat, da war eine Bühne
So vor ihm aufgetan wie ein auf ewig
Schlafloses aufgerißnes Aug, daran
Kein Vorhang je mitleidig niedersinkt:
Die fürchterliche Bühne Wirklichkeit.
Da fielen der Verwandlung Künste alle
Von ihm, und seine arme Seele ging
Ganz hüllenlos und sah aus Kindesaugen.
Da war er in ein unerbittlich Spiel
Verstrickt, unwissend, wie ihm dies geschah;
Ein jeder Schritt ein tiefrer als der frühere
Und unerbittlich jedes stumme Zeichen:
Das Angesicht der Nacht war mit im Bund,
Der Wind im Bund, der sanfte Frühlingswind,
Und alle *gegen* ihn! Nicht den gemeinen,
Den zarten Seelen stellt das dunkle Schicksal
Fallstricke dieser Art. Dann kam ein Tag,
Da hob er sich, und sein gequältes Auge
Erfüllte sich mit Ahnung und mit Traum,
Und festen Griffs, wie einen schweren Mantel,
Warf er das Leben ab und achtete
Nicht mehr, denn Staub an seines Mantels Saum,
Die nun in nichts zerfallenden Gestalten.
So denkt ihn. Laßt ehrwürdige Musik
Ihn vor euch rufen, ahnet sein Geschick
Und mich laßt schweigen, denn hier ist die Grenze,
Wo Ehrfurcht mir das Wort im Mund zerbricht.

VERSE ZUM GEDÄCHTNIS DES SCHAUSPIELERS JOSEF KAINZ

O hätt ich seine Stimme, hier um ihn
Zu klagen! Seinen königlichen Anstand,
Mit meiner Klage dazustehn vor euch!
Dann wahrlich wäre diese Stunde groß
Und Glanz und Königtum auf mir, und mehr
Als Trauer: denn dem Tun der Könige
Ist Herrlichkeit und Jubel beigemengt,
Auch wo sie klagen und ein Totenfest begehn.

O seine Stimme, daß sie unter uns
Die Flügel schlüge! – Woher tönte sie?
Woher drang dies an unser Ohr? Wer sprach
Mit solcher Zunge? Welcher Fürst und Dämon
Sprach da zu uns? Wer sprach von diesen Brettern
Herab? Wer redete da aus dem Leib
Des Jünglings Romeo, wer aus dem Leib
Des unglückseligen Richard Plantagenet
Oder des Tasso? Wer?
Ein Unverwandelter in viel Verwandlungen,
Ein niebezauberter Bezauberer,
Ein Ungerührter, der uns rührte, einer,
Der fern war, da wir meinten, er sei nah,
Ein Fremdling über allen Fremdlingen,
Einsamer über allen Einsamen,
Der Bote aller Boten, namenlos
Und Bote eines namenlosen Herrn.
Er ist an uns vorüber. Seine Seele
War eine allzu schnelle Seele, und
Sein Aug glich allzusehr dem Aug des Vogels.
Dies Haus hat ihn gehabt – doch hielt es ihn?
Wir haben ihn gehabt – er fiel dahin,

Wie unsre eigne Jugend uns entfällt,
Grausam und prangend gleich dem Wassersturz.

O Unrast! O Geheimnis, offenkundiges
Geheimnis menschlicher Natur! O Wesen,
Wer warest du? O Schweifender! O Fremdling!
O nächtlicher Gespräche Einsamkeit
Mit deinen höchst zufälligen Genossen!
O starrend tiefe Herzenseinsamkeit!
O ruheloser Geist! Geist ohne Schlaf!
O Geist! O Stimme! Wundervolles Licht!
Wie du hinliefest, weißes Licht, und rings
Ins Dunkel aus den Worten dir Paläste
Hinbautest, drin für eines Herzschlags Frist
Wir mit dir wohnten – Stimme, die wir nie
Vergessen werden – o Geschick – o Ende –
Geheimnisvolles Leben! Dunkler Tod!

O wie das Leben um ihn rang und niemals
Ihn ganz verstricken konnte ins Geheimnis
Wollüstiger Verwandlung! Wie er *blieb!*
Wie königlich er standhielt! Wie er schmal,
Gleich einem Knaben, *stand*! O kleine Hand
Voll Kraft, o kleines Haupt auf feinen Schultern,
O vogelhaftes Auge, das verschmähte,
Jung oder alt zu sein, schlafloses Aug.
O Aug des Sperbers, der auch vor der Sonne
Den Blick nicht niederschlägt, o kühnes Aug,
Das beiderlei Abgrund gemessen hat,
Des Lebens wie des Todes – Aug des *Boten!*
O Bote aller Boten, Geist! Du Geist!
Dein Bleiben unter uns war ein Verschmähen,
Fortwollender! Enteilter! Aufgeflogener!

Ich klage nicht um dich. Ich weiß jetzt, wer du warst,
Schauspieler ohne Maske du, Vergeistiger,
Du bist empor, und wo mein Auge dich
Nicht sieht, dort kreisest du, dem Sperber gleich,
Dem Unzerstörbaren, und hältst in Fängen
Den Spiegel, der ein weißes Licht herabwirft,
Weißer als Licht der Sterne: dieses Lichtes
Bote und Träger bist du immerdar,
Und als des Schwebend-Unzerstörbaren
Gedenken wir des Geistes, der du bist.

O Stimme! Seele! aufgeflogene!

ZU EINER TOTENFEIER FÜR ARNOLD BÖCKLIN

In die letzten Takte der Symphonie tritt der Prolog auf, seine Fackelträger hinter ihm. – Der Prolog ist ein Jüngling; er ist venezianisch gekleidet, ganz in Schwarz, als ein Trauernder.

Nun schweig, Musik! Nun ist die Szene mein,
Und ich will klagen, denn mir steht es zu!
Von dieser Zeiten Jugend fließt der Saft
In mir; und er, des Standbild auf mich blickt,
War meiner Seele so geliebter Freund!
Und dieses Guten hab ich sehr bedurft,
Denn Finsternis ist viel in dieser Zeit,
Und wie der Schwan, ein selig schwimmend Tier,
Aus der Najade triefend weißen Händen
Sich seine Nahrung küßt, so bog ich mich
In dunklen Stunden über seine Hände
Um meiner Seele Nahrung: tiefen Traum.
Schmück ich dein Bild mit Zweig und Blüten nur?
Und du hast mir das Bild der Welt geschmückt

Und aller Blütenzweige Lieblichkeit
Mit einem solchen Glanze überhöht,
Daß ich mich trunken an den Boden warf
Und jauchzend fühlte, wie sie ihr Gewand
Mir sinken ließ, die leuchtende Natur!
Hör mich, mein Freund! Ich will nicht Herolde
Aussenden, daß sie deinen Namen schrein
In die vier Winde, wie wenn Könige sterben:
Ein König läßt dem Erben seinen Reif
Und einem Grabstein seines Namens Schall.
Doch du warst solch ein großer Zauberer,
Dein Sichtbares ging fort, doch weiß ich nicht,
Was da und dort nicht alles von dir bleibt,
Mit heimlicher fortlebender Gewalt
Sich dunklen Auges aus der nächtigen Flut
Zum Ufer hebt – oder sein haarig Ohr
Hinter dem Efeu horchend reckt,
drum will ich
Nie glauben, daß ich irgendwo allein bin,
Wo Bäume oder Blumen sind, ja selbst
Nur schweigendes Gestein und kleine Wölkchen
Unter dem Himmel sind: leicht daß ein Etwas,
Durchsichtiger wie Ariel, mir im Rücken
Hingaukelt, denn ich weiß: geheimnisvoll
War zwischen dir und mancher Kreatur
Ein Bund geknüpft, ja! und des Frühlings Au,
Siehe, sie lachte dir so, wie ein Weib
Den anlacht, dem sie in der Nacht sich gab!

Ich meint um dich zu klagen, und mein Mund
Schwillt an von trunkenem und freudigem Wort:
Drum ziemt mir nun nicht länger hier zu stehen.
Ich will den Stab dreimal zu Boden stoßen
Und dies Gezelt mit Traumgestalten füllen.

Die will ich mit der Last der Traurigkeit
So überbürden, daß sie schwankend gehn,
Damit ein jeder weinen mag und fühlen:
Wie große Schwermut allem unsern Tun
Ist beigemengt.
Es weise euch ein Spiel
Das Spiegelbild der bangen, dunklen Stunde,
Und großen Meisters trauervollen Preis
Vernehmet nun aus schattenhaftem Munde!

Kleine Dramen

Der Tod des Tizian

BRUCHSTÜCK

DRAMATIS PERSONAE: Der Prolog, ein Page
Filippo Pomponio Vecellio, genannt Tizianello, des Meisters Sohn · Giocondo · Desiderio · Gianino (er ist sechzehn Jahre alt und sehr schön) · Batista · Antonio · Paris · Lavinia, eine Tochter des Meisters · Cassandra · Lisa

Spielt im Jahre 1576, da Tizian neunundneunzigjährig starb. Die Szene ist auf der Terrasse von Tizians Villa, nahe bei Vendig.

PROLOG. *Der Prolog, ein Page tritt zwischen dem Vorhang hervor, grüßt artig, setzt sich auf die Rampe und läßt die Beine (er trägt rosa Seidenstrümpfe und mattgelbe Schuhe) ins Orchester hängen.*

Das Stück, ihr klugen Herrn und hübschen Damen,
Das sie heut abend vor euch spielen wollen,
Hab ich gelesen.
Mein Freund, der Dichter, hat mirs selbst gegeben.

Ich stieg einmal die große Treppe nieder
In unserm Schloß, da hängen alte Bilder
Mit schönen Wappen, klingenden Devisen,
Bei denen mir so viel Gedanken kommen
Und eine Trunkenheit von fremden Dingen,
Daß mir zuweilen ist, als müßt ich weinen ...
Da blieb ich stehn bei des Infanten Bild –

Er ist sehr jung und blaß und früh verstorben …
Ich seh ihm ähnlich – sagen sie – und drum
Lieb ich ihn auch und bleib dort immer stehn
Und ziehe meinen Dolch und seh ihn an
Und lächle trüb: denn so ist er gemalt:
Traurig und lächelnd und mit einem Dolch …
Und wenn es ringsum still und dämmrig ist,
So träum ich dann, ich wäre der Infant,
Der längst verstorbne traurige Infant …
Da schreckt mich auf ein leises, leichtes Gehen,
Und aus dem Erker tritt mein Freund, der Dichter.
Und küßt mich seltsam lächelnd auf die Stirn
Und sagt, und beinah ernst ist seine Stimme:
›Schauspieler deiner selbstgeschaffnen Träume,
Ich weiß, mein Freund, daß sie dich Lügner nennen
Und dich verachten, die dich nicht verstehen,
Doch ich versteh dich, o mein Zwillingsbruder.‹
Und seltsam lächelnd ging er leise fort,
Und später hat er mir sein Stück geschenkt.

Mir hats gefallen, zwar ists nicht so hübsch
Wie Lieder, die das Volk im Sommer singt,
Wie hübsche Frauen, wie ein Kind, das lacht,
Und wie Jasmin in einer Delfter Vase …
Doch mir gefällts, weils ähnlich ist wie ich:
Vom jungen Ahnen hat es seine Farben
Und hat den Schmelz der ungelebten Dinge;
Altkluger Weisheit voll und frühen Zweifels,
Mit einer großen Sehnsucht doch, die fragt.

Wie man zuweilen beim Vorübergehen
Von einem Köpfchen das Profil erhascht, –
Sie lehnt kokett verborgen in der Sänfte,
Man kennt sie nicht, man hat sie kaum gesehen

(Wer weiß, man hätte sie vielleicht geliebt,
Wer weiß, man kennt sie nicht und liebt sie doch) –
Inzwischen malt man sich in hellen Träumen
Die Sänfte aus, die hübsche weiße Sänfte,
Und drinnen duftig zwischen rosa Seide
Das blonde Köpfchen, kaum im Flug gesehn,
Vielleicht ganz falsch, was tuts ... die Seele wills ...
So, dünkt mich, ist das Leben hier gemalt
Mit unerfahrnen Farben des Verlangens
Und stillem Durst, der sich in Träumen wiegt.

Spätsommermittag. Auf Polstern und Teppichen lagern auf den Stufen, die rings zur Rampe führen, Desiderio, Antonio, Batista und Paris. Alle schweigen, der Wind bewegt leise den Vorhang der Tür. Tizianello und Gianino kommen nach einer Weile aus der Tür rechts. Desiderio, Antonio, Batista und Paris treten ihnen besorgt und fragend entgegen und drängen sich an sie. Nach einer kleinen Pause:

PARIS

Nicht gut?

GIANINO *mit erstickter Stimme*

Sehr schlecht.

Zu Tizianello, der in Tränen ausbricht:

Mein armer lieber Pippo!

BATISTA

Er schläft?

GIANINO Nein, er ist wach und phantasiert
Und hat die Staffelei begehrt.

ANTONIO Allein
Man darf sie ihm nicht geben, nicht wahr, nein?

GIANINO

Ja, sagt der Arzt, wir sollen ihn nicht quälen
Und geben, was er will, in seine Hände.

TIZIANELLO *ausbrechend*

Heut oder morgen ists ja doch zu Ende!

GIANINO

Er darf uns länger, sagt er, nicht verhehlen ...

PARIS

Nein, sterben, sterben kann der Meister nicht!
Da lügt der Arzt, er weiß nicht, was er spricht.

DESIDERIO

Der Tizian sterben, der das Leben schafft!
Wer hätte dann zum Leben Recht und Kraft?

BATISTA

Doch weiß er selbst nicht, wie es um ihn steht?

TIZIANELLO

Im Fieber malt er an dem neuen Bild,
In atemloser Hast, unheimlich, wild;
Die Mädchen sind bei ihm und müssen stehn,
Uns aber hieß er aus dem Zimmer gehn.

ANTONIO

Kann er denn malen? Hat er denn die Kraft?

TIZIANELLO

Mit einer rätselhaften Leidenschaft,
Die ich beim Malen nie an ihm gekannt,
Von einem martervollen Zwang gebannt –

Ein Page kommt aus der Tür rechts, hinter ihm Diener; alle erschrecken.

TIZIANELLO, GIANINO, PARS

Was ist?

PAGE Nichts, nichts. Der Meister hat befohlen,
Daß wir vom Gartensaal die Bilder holen.

TIZIANELLO Was will er denn?

PAGE Er sagt, er muß sie sehen ...
›Die alten, die erbärmlichen, die bleichen,
Mit seinem neuen, das er malt, vergleichen ...
Sehr schwere Dinge seien ihm jetzt klar,

Es komme ihm ein unerhört Verstehen,
Daß er bis jetzt ein matter Stümper war ...‹
Soll man ihm folgen?

TIZIANELLO Gehet, gehet, eilt!
Ihn martert jeder Pulsschlag, den ihr weilt.

Die Diener sind indessen über die Bühne gegangen, an der Treppe holt sie der Page ein. Tizianello geht auf den Fußspitzen, leise den Vorhang aufhebend, hinein. Die andern gehen unruhig auf und nieder.

ANTONIO *halblaut*
Wie fürchterlich, dies Letzte, wie unsäglich ...
Der Göttliche, der Meister, lallend, kläglich ...

GIANINO
Er sprach schon früher, was ich nicht verstand,
Gebietend ausgestreckt die blasse Hand ...
Dann sah er uns mit großen Augen an
Und schrie laut auf: ›Es lebt der große Pan.‹
Und vieles mehr, mir wars, als ob er strebte,
Das schwindende Vermögen zu gestalten,
Mit überstarken Formeln festzuhalten,
Sich selber zu beweisen, daß er lebte,
Mit starkem Wort, indes die Stimme bebte.

TIZIANELLO *zurückkommend*
Jetzt ist er wieder ruhig, und es strahlt
Aus seiner Blässe, und er malt und malt.
In seinen Augen ist ein guter Schimmer.
Und mit den Mädchen plaudert er wie immer.

ANTONIO
So legen wir uns auf die Stufen nieder
Und hoffen bis zum nächsten Schlimmern wieder.

Sie lagern sich auf den Stufen. Tizianello spielt mit Gianinos Haar, die Augen halb geschlossen.

BATISTA *halb für sich*
Das Schlimmre ... dann das Schlimmste endlich ... nein.

Das Schlimmste kommt, wenn gar nichts Schlimmres mehr,
Das tote, taube, dürre Weitersein . . .
Heut ist es noch, als obs undenkbar wär . . .
Und wird doch morgen sein. *Pause*

GIANINO Ich bin so müd.

PARIS
Das macht die Luft, die schwüle, und der Süd.

TIZIANELLO *lächelnd*
Der Arme hat die ganze Nacht gewacht!

GIANINO *auf den Arm gestützt*
Ja, du . . . die erste, die ich ganz durchwacht.
Doch woher weißt denn du's?

TZIANELLO Ich fühlt es ja,
Erst war dein stilles Atmen meinem nah,
Dann standst du auf und saßest auf den Stufen . . .

GIANINO
Mir wars, als ginge durch die blaue Nacht,
Die atmende, ein rätselhaftes Rufen.
Und nirgends war ein Schlaf in der Natur.
Mit Atemholen tief und feuchten Lippen,
So lag sie, horchend in das große Dunkel,
Und lauschte auf geheimer Dinge Spur.
Und sickernd, rieselnd kam das Sterngefunkel
Hernieder auf die weiche, wache Flur.
Und alle Früchte, schweren Blutes, schwollen
Im gelben Mond und seinem Glanz, dem vollen,
Und alle Brunnen glänzten seinem Ziehn.
Und es erwachten schwere Harmonien.
Und wo die Wolkenschatten hastig glitten,
War wie ein Laut von weichen, nackten Tritten . . .
Leis stand ich auf – ich war an dich geschmiegt –
Er steht erzählend auf, zu Tizianello geneigt
Da schwebte durch die Nacht ein süßes Tönen,
Als hörte man die Flöte leise stöhnen,

Die in der Hand aus Marmor sinnend wiegt
Der Faun, der da im schwarzen Lorbeer steht
Gleich nebenan, beim Nachtviolenbeet.
Ich sah ihn stehen, still und marmorn leuchten;
Und um ihn her im silbrig-blauen Feuchten,
Wo sich die offenen Granaten wiegen,
Da sah ich deutlich viele Bienen fliegen
Und viele saugen, auf das Rot gesunken,
Von nächtgem Duft und reifem Safte trunken.
Und wie des Dunkels leiser Atemzug
Den Duft des Gartens um die Stirn mir trug,
Da schien es mir wie das Vorüberschweifen
Von einem weichen, wogenden Gewand
Und die Berührung einer warmen Hand.
In weißen, seidig-weißen Mondesstreifen
War liebestoller Mücken dichter Tanz,
Und auf dem Teiche lag ein weicher Glanz
Und plätscherte und blinkte auf und nieder.
Ich weiß es heut nicht, obs die Schwäne waren,
Ob badender Najaden weiße Glieder,
Und wie ein süßer Duft von Frauenhaaren
Vermischte sich dem Duft der Aloe . . .
Und was da war, ist mir in eins verflossen:
In *eine* überstarke, schwere Pracht,
Die Sinne stumm und Worte sinnlos macht.

ANTONIO

Beneidenswerter, der das noch erlebt
Und solche Dinge in das Dunkel webt!

GIANINO

Ich war in halbem Traum bis dort gegangen,
Wo man die Stadt sieht, wie sie drunten ruht,
Sich flüsternd schmieget in das Kleid von Prangen,
Das Mond um ihren Schlaf gemacht und Flut.
Ihr Lispeln weht manchmal der Nachtwind her,

So geisterhaft, verlöschend leisen Klang,
Beklemmend seltsam und verlockend bang.
Ich hört es oft, doch niemals dacht ich mehr ...
Da aber hab ich plötzlich viel gefühlt:
Ich ahnt in ihrem steinern stillen Schweigen,
Vom blauen Strom der Nacht emporgespült,
Des roten Bluts bacchantisch wilden Reigen,
Um ihre Dächer sah ich Phosphor glimmen,
Den Widerschein geheimer Dinge schwimmen.
Und schwindelnd überkams mich auf einmal:
Wohl schlief die Stadt: es wacht der Rausch, die Qual,
Der Haß, der Geist, das Blut: das Leben wacht.
Das Leben, das lebendige, allmächtge –
Man kann es haben und doch sein' vergessen! ...
Er hält einen Augenblick inne.
Und alles das hat mich so müd gemacht:
Es war so viel in dieser einen Nacht.

DESIDERIO *an der Rampe, zu Gianino*
Siehst du die Stadt, wie jetzt sie drunten ruht?
Gehüllt in Duft und goldne Abendglut
Und rosig helles Gelb und helles Grau,
Zu ihren Füßen schwarzer Schatten Blau,
In Schönheit lockend, feuchtverklärter Reinheit?
Allein in diesem Duft, dem ahnungsvollen,
Da wohnt die Häßlichkeit und die Gemeinheit,
Und bei den Tieren wohnen dort die Tollen;
Und was die Ferne weise dir verhüllt,
Ist ekelhaft und trüb und schal erfüllt
Von Wesen, die die Schönheit nicht erkennen
Und ihre Welt mit unsren Worten nennen ...
Denn unsre Wonne oder unsre Pein
Hat mit der ihren nur das Wort gemein ...
Und liegen wir in tiefem Schlaf befangen,
So gleicht der unsre ihrem Schlafe nicht:

Da schlafen Purpurblüten, goldne Schlangen,
Da schläft ein Berg, in dem Titanen hämmern –
Sie aber schlafen, wie die Austern dämmern.

ANTONIO *halb aufgerichtet*
Darum umgeben Gitter, hohe schlanke,
Den Garten, den der Meister ließ erbauen,
Darum durch üppig blumendes Geranke
Soll man das Außen ahnen mehr als schauen.

PARIS *ebenso*
Das ist die Lehre der verschlungnen Gänge.

BATISTA *ebenso*
Das ist die große Kunst des Hintergrundes
Und das Geheimnis zweifelhafter Lichter.

TIZIANELLO *mit geschlossen Augen*
Das macht so schön die halbverwehten Klänge,
So schön die dunklen Worte toter Dichter
Und alle Dinge, denen wir entsagen.

PARIS Das ist der Zauber auf versunknen Tagen
Und ist der Quell des grenzenlosen Schönen,
Denn wir ersticken, wo wir uns gewöhnen.
Alle verstummen. Pause. Tizianello weint leise vor sich hin.

GIANINO *schmeichelnd*
Du darfst dich nicht so trostlos drein versenken,
Nicht unaufhörlich an das eine denken.

TIZIANELLO *traurig lächelnd*
Als ob der Schmerz denn etwas andres wär
Als dieses ewige Dran-denken-Müssen,
Bis es am Ende farblos wird und leer ...
So laß mich nur in den Gedanken wühlen,
Denn von den Leiden und von den Genüssen
Hab längst ich abgestreift das bunte Kleid,
Das um sie webt die Unbefangenheit.
Und einfach hab ich schon verlernt zu fühlen.
Pause

GIANINO Wo nur Giocondo bleibt?

TIZIANELLO Lang vor dem Morgen

– Ihr schlieft noch – schlich er leise durch die Pforte,
Auf blasser Stirn den Kuß der Liebessorgen
Und auf den Lippen eifersüchtge Worte …

Pagen tragen zwei Bilder über die Bühne (die Venus mit den Blumen und das Große Bacchanal); die Schüler erheben sich und stehen, solange die Bilder vorübergetragen werden, mit gesenktem Kopf, das Barett in der Hand. Nach einer Pause (alle stehen):

DESIDERIO

Wer lebt nach ihm, ein Künstler und Lebendger,
Im Geiste herrlich und der Dinge Bändger
Und in der Einfalt weise wie das Kind?

ANTONIO

Wer ist, der seiner Weihe freudig traut?

BATISTA

Wer ist, dem nicht vor seinem Wissen graut?

PARIS

Wer will uns sagen, ob wir Künstler sind?

GIANINO

Er hat den regungslosen Wald belebt:
Und wo die braunen Weiher murmelnd liegen
Und Efeuranken sich an Buchen schmiegen,
Da hat er Götter in das Nichts gewebt:
Den Satyr, der die Syrinx tönend hebt,
Bis alle Dinge in Verlangen schwellen
Und Hirten sich den Hirtinnen gesellen …

BATISTA

Er hat den Wolken, die vorüberschweben,
Den wesenlosen, einen Sinn gegeben:
Der blassen, weißen schleierhaftes Dehnen
Gedeutet in ein blasses, süßes Sehnen;
Der mächtgen goldumrandet schwarzes Wallen

Und runde, graue, die sich lachend ballen,
Und rosig silberne, die abends ziehn:
Sie haben Seele, haben Sinn durch ihn.
Er hat aus Klippen, nackten, fahlen, bleichen,
Aus grüner Wogen brandend weißem Schäumen,
Aus schwarzer Haine regungslosem Träumen
Und aus der Trauer blitzgetroffner Eichen
Ein Menschliches gemacht, das wir verstehen,
Und uns gelehrt, den Geist der Nacht zu sehen.

PARIS

Er hat uns aufgeweckt aus halber Nacht
Und unsre Seelen licht und reich gemacht
Und uns gewiesen, jedes Tages Fließen
Und Fluten als ein Schauspiel zu genießen,
Die Schönheit aller Formen zu verstehen
Und unsrem eignen Leben zuzusehen.
Die Frauen und die Blumen und die Wellen
Und Seide, Gold und bunter Steine Strahl
Und hohe Brücken und das Frühlingstal
Mit blonden Nymphen an kristallnen Quellen,
Und was ein jeder nur zu träumen liebt
Und was uns wachend Herrliches umgibt:
Hat seine große Schönheit erst empfangen,
Seit es durch *seine* Seele durchgegangen.

ANTONIO

Was für die schlanke Schönheit Reigentanz,
Was Fackelschein für bunten Maskenkranz,
Was für die Seele, die im Schlafe liegt,
Musik, die wogend sie in Rhythmen wiegt,
Und was der Spiegel für die junge Frau
Und für die Blüten Sonne, licht und lau:
Ein Auge, ein harmonisch Element,
In dem die Schönheit erst sich selbst erkennt –
Das fand Natur in seines Wesens Strahl.

›Erweck uns, mach aus uns ein Bacchanal!‹
Rief alles Lebende, das ihn ersehnte
Und seinem Blick sich stumm entgegendehnte.
Während Antonio spricht, sind die drei Mädchen leise aus der Tür getreten und zuhörend stehengeblieben; nur Tizianello, der zerstreut und teilnahmslos abseits rechts steht, scheint sie zu bemerken. Lavinia trägt das blonde Haar im Goldnetz und das reiche Kostüm einer venezianischen Patrizierin. Cassandra und Lisa, etwa neunzehn- und siebzehnjährig, tragen beide ein einfaches, kaum stilisiertes Peplum aus weißem anschmiegendem, flutendem Byssus; nackte Arme mit goldenen Schlangenreifen; Sandalen, Gürtel aus Goldstoff. Cassandra ist aschblond, graziös. Lisa hat eine gelbe Rosenknospe im schwarzen Haar. Irgend etwas an ihr erinnert ans Knabenhafte, wie irgend etwas an Gianino ans Mädchenhafte erinnert. Hinter ihnen tritt ein Page aus der Tür, der einen getriebenen silbernen Weinkrug und Becher trägt.
Daß uns die fernen Bäume lieblich sind,
Die träumerischen, dort im Abendwind ...

PARIS
Und daß wir Schönheit sehen in der Flucht
Der weißen Segel in der blauen Bucht ...

TIZIANELLO *zu den Mädchen, die er mit einer leichten Verbeugung begrüßt hat; alle andern drehen sich um*
Und daß wir eures Haares Duft und Schein
Und eurer Formen mattes Elfenbein
Und goldne Gürtel, die euch weich umwinden,
So wie Musik und wie ein Glück empfinden –
Das macht: Er lehrte uns die Dinge sehen ...
Bitter
Und das wird man da drunten nie verstehen!

GIANINO *zu den Mädchen*
Ist er allein? Soll niemand zu ihm gehen?

LAVINIA

Bleibt alle hier. Er will jetzt niemand sehen.

DESIDERIO

Vom Schaffen beben ihm der Seele Saiten,
Und jeder Laut beleidigt die geweihten!

TIZIANELLO

Oh, käm ihm jetzt der Tod, mit sanftem Neigen,
In dieser schönen Trunkenheit, im Schweigen!

PARIS

Allein das Bild? Vollendet er das Bild?
Was wird es werden?

BATISTA

Kann man es erkennen?

LAVINIA

Wir werden ihnen unsre Haltung nennen.
Ich bin die Göttin Venus, diese war
So schön, daß ihre Schönheit trunken machte.

CASSANDRA

Mich malte er, wie ich verstohlen lachte,
Von vielen Küssen feucht das offne Haar.

LISA

Ich halte eine Puppe in den Händen,
Die ganz verhüllt ist und verschleiert ganz,
Und sehe sie mir scheu verlangend an:
Denn diese Puppe ist der große Pan,
Ein Gott,
Der das Geheimnis ist von allem Leben.
Den halt ich in den Armen wie ein Kind.
Doch ringsum fühl ich rätselhaftes Weben,
Und mich verwirrt der laue Abendwind.

LAVINIA

Mich spiegelt still und wonnevoll der Teich.

CASSANDRA

Mir küßt den Fuß der Rasen kühl und weich.

LISA

Schwergolden glüht die Sonne, die sich wendet:
Das ist das Bild, und morgen ists vollendet.

LAVINIA

Indes er so dem Leben Leben gab,
Sprach er mit Ruhe viel von seinem Grab.
Im bläulich bebenden schwarzgrünen Hain
Am weißen Strand will er begraben sein:
Wo dichtverschlungen viele Pflanzen stehen,
Gedankenlos im Werden und Vergehen,
Und alle Dinge ihrer selbst vergessen,
Und wo am Meere, das sich träumend regt,
Der leise Puls des stummen Lebens schlägt.

PARIS

Er will im Unbewußten untersinken,
Und wir, wir sollen seine Seele trinken
In des lebendgen Lebens lichtem Wein,
Und wo wir Schönheit sehen, wird Er sein!

DESIDERIO

Er aber hat die Schönheit stets gesehen,
Und jeder Augenblick war ihm Erfüllung,
Indessen wir zu schaffen nicht verstehen
Und hilflos harren müssen der Enthüllung ...
Und unsre Gegenwart ist trüb und leer,
Kommt uns die Weihe nicht von außen her.
Ja, hätte der nicht seine Liebessorgen,
Die ihm mit Rot und Schwarz das Heute färben,
Und hätte jener nicht den Traum von morgen
Mit leuchtender Erwartung, Glück zu werben,
Und hätte jeder nicht ein heimlich Bangen
Vor irgend etwas und ein still Verlangen
Nach irgend etwas und Erregung viel
Mit innrer Lichter buntem Farbenspiel
Und irgend etwas, das zu kommen säumt,

Wovon die Seele ihm phantastisch träumt,
Und irgend etwas, das zu Ende geht,
Wovon ein Schmerz verklärend ihn durchweht –:
So lebten wir in Dämmerung dahin,
Und unser Leben hätte keinen Sinn . . .

Die aber wie der Meister sind, die gehen,
Und Schönheit wird und Sinn, wohin sie sehen.

– –

Der Tor und der Tod

Der Tod · Claudio, ein Edelmann · sein Kammerdiener · Tote: Claudios Mutter; eine Geliebte des Claudio; ein Jugendfreund

Claudios Haus.
Kostüm der zwanziger Jahre des vorigen Jahrhunderts.

Studierzimmer des Claudio, im Empiregeschmack. Im Hintergrund links und rechts große Fenster, in der Mitte eine Glastüre auf den Balkon hinaus, von dem eine hängende Holztreppe in den Garten führt. Links eine weiße Flügeltür, rechts eine gleiche nach dem Schlafzimmer, mit einem grünen Samtvorhang geschlossen. Am Fenster links steht ein Schreibtisch, davor ein Lehnstuhl. An den Pfeilern Glaskasten mit Altertümern. An der Wand rechts eine gotische, dunkle, geschnitzte Truhe; darüber altertümliche Musikinstrumente. Ein fast schwarzgedunkeltes Bild eines italienischen Meisters. Der Grundton der Tapete licht, fast weiß; mit Stukkatur und Gold.

CLAUDIO *allein. Er sitzt am Fenster. Abendsonne*

Die letzten Berge liegen nun im Glanz,
In feuchten Schmelz durchsonnter Luft gewandet.
Es schwebt ein Alabasterwolkenkranz
Zuhöchst, mit grauen Schatten, goldumrandet:
So malen Meister von den frühen Tagen
Die Wolken, welche die Madonna tragen.
Am Abhang liegen blaue Wolkenschatten,

Der Bergesschatten füllt das weite Tal
Und dämpft zu grauem Grün den Glanz der Matten;
Der Gipfel glänzt im vollen letzten Strahl.
Wie nah sind meiner Sehnsucht die gerückt,
Die dort auf weiten Halden einsam wohnen
Und denen Güter, mit der Hand gepflückt,
Die gute Mattigkeit der Glieder lohnen.

Der wundervolle wilde Morgenwind,
Der nackten Fußes läuft im Heidenduft,
Der weckt sie auf; die wilden Bienen sind
Um sie und Gottes helle, heiße Luft.
Es gab Natur sich ihnen zum Geschäfte,
In allen ihren Wünschen quillt Natur,
Im Wechselspiel der frisch und müden Kräfte
Wird ihnen jedes warmen Glückes Spur.
Jetzt rückt der goldne Ball, und er versinkt
In fernster Meere grünlichem Kristall;
Das letzte Licht durch ferne Bäume blinkt,
Jetzt atmet roter Rauch, ein Glutenwall
Den Strand erfüllend, wo die Städte liegen,
Die mit Najadenarmen, flutenttaucht,
In hohen Schiffen ihre Kinder wiegen,
Ein Volk, verwegen, listig und erlaucht.
Sie gleiten über ferne, wunderschwere,
Verschwiegne Flut, die nie ein Kiel geteilt,
Es regt die Brust der Zorn der wilden Meere,
Da wird sie jedem Wahn und Weh geheilt.
So seh ich Sinn und Segen fern gebreitet
Und starre voller Sehnsucht stets hinüber,
Doch wie mein Blick dem Nahen näher gleitet,
Wird alles öd, verletzender und trüber;
Es scheint mein ganzes so versäumtes Leben,
Verlorne Lust und nie geweinte Tränen,

Um diese Gassen, dieses Haus zu weben
Und ewig sinnlos Suchen, wirres Sehnen.
Am Fenster stehend
Jetzt zünden sie die Lichter an und haben
In engen Wänden eine dumpfe Welt
Mit allen Rausch- und Tränengaben
Und was noch sonst ein Herz gefangenhält.
Sie sind einander herzlich nah
Und härmen sich um einen, der entfernt;
Und wenn wohl einem Leid geschah,
So trösten sie . . . ich habe Trösten nie gelernt.
Sie können sich mit einfachen Worten,
Was nötig zum Weinen und Lachen, sagen.
Müssen nicht an sieben vernagelte Pforten
Mit blutigen Fingern schlagen.

Was weiß ich denn vom Menschenleben?
Bin freilich scheinbar drin gestanden,
Aber ich hab es höchstens verstanden,
Konnte mich nie darein verweben.
Hab mich niemals daran verloren.
Wo andre nehmen, andre geben,
Blieb ich beiseit, im Innern stummgeboren.
Ich hab von allen lieben Lippen
Den wahren Trank des Lebens nie gesogen,
Bin nie, von wahrem Schmerz durchschüttert,
Die Straße einsam, schluchzend, nie! gezogen.
Wenn ich von guten Gaben der Natur
Je eine Regung, einen Hauch erfuhr,
So nannte ihn mein überwacher Sinn,
Unfähig des Vergessens, grell beim Namen.
Und wie dann tausende Vergleiche kamen,
War das Vertrauen, war das Glück dahin.
Und auch das Leid! zerfasert und zerfressen

Vom Denken, abgeblaßt und ausgelaugt!
Wie wollte ich an meine Brust es pressen,
Wie hätt ich Wonne aus dem Schmerz gesaugt:
Sein Flügel streifte mich, ich wurde matt,
Und Unbehagen kam an Schmerzes Statt ...
Aufschreckend
Es dunkelt schon. Ich fall in Grübelei.
Ja, ja: die Zeit hat Kinder mancherlei.
Doch ich bin müd und soll wohl schlafen gehen.
Der Diener bringt eine Lampe, geht dann wieder.
Jetzt läßt der Lampe Glanz mich wieder sehen
Die Rumpelkammer voller totem Tand,
Wodurch ich doch mich einzuschleichen wähnte,
Wenn ich den graden Weg auch nimmer fand
In jenes Leben, das ich so ersehnte.
Vor dem Kruzifix
Zu deinen wunden, elfenbeinern' Füßen,
Du Herr am Kreuz, sind etliche gelegen,
Die Flammen niederbetend, jene süßen,
Ins eigne Herz, die wundervoll bewegen,
Und wenn statt Gluten öde Kälte kam,
Vergingen sie in Reue, Angst und Scham.
Vor einem alten Bild
Gioconda, du, aus wundervollem Grund
Herleuchtend mit dem Glanz durchseelter Glieder,
Dem rätselhaften, süßen, herben Mund,
Dem Prunk der träumeschweren Augenlider:
Gerad so viel verrietest du mir Leben,
Als fragend ich vermocht dir einzuweben!
Sich abwendend, vor einer Truhe
Ihr Becher, ihr, an deren kühlem Rand
Wohl etlich Lippen selig hingen,
Ihr alten Lauten, ihr, bei deren Klingen
Sich manches Herz die tiefste Rührung fand,

Was gäb ich, könnt mich euer Bann erfassen,
Wie wollt ich mich gefangen finden lassen!
Ihr hölzern, ehern Schilderwerk,
Verwirrend, formenquellend Bilderwerk,
Ihr Kröten, Engel, Greife, Faunen,
Phantastsche Vögel, goldnes Fruchtgeschlinge,
Berauschende und ängstigende Dinge,
Ihr wart doch all einmal gefühlt,
Gezeugt von zuckenden, lebendgen Launen,
Vom großen Meer emporgespült,
Und wie den Fisch das Netz, hat euch die Form gefangen!
Umsonst bin ich, umsonst euch nachgegangen,
Von eurem Reize allzusehr gebunden:
Und wie ich eurer eigensinngen Seelen
Jedwede, wie die Masken, durchempfunden,
War mir verschleiert Leben, Herz und Welt,
Ihr hieltet mich, ein Flatterschwarm, umstellt,
Abweidend, unerbittliche Harpyen,
An frischen Quellen jedes frische Blühen ...
Ich hab mich so an Künstliches verloren,
Daß ich die Sonne sah aus toten Augen
Und nicht mehr hörte als durch tote Ohren:
Stets schleppte ich den rätselhaften Fluch,
Nie ganz bewußt, nie völlig unbewußt,
Mit kleinem Leid und schaler Lust
Mein Leben zu erleben wie ein Buch,
Das man zur Hälft noch nicht und halb nicht mehr begreift,
Und hinter dem der Sinn erst nach Lebendgem schweift –
Und was mich quälte und was mich erfreute,
Mir war, als ob es nie sich selbst bedeute,
Nein, künftgen Lebens vorgeliehnen Schein
Und hohles Bild von einem vollern Sein.
So hab ich mich in Leid und jeder Liebe
Verwirrt mit Schatten nur herumgeschlagen,

Verbraucht, doch nicht genossen alle Triebe,
In dumpfem Traum, es würde endlich tagen.
Ich wandte mich und sah das Leben an:
Darinnen Schnellsein nicht zum Laufen nützt
Und Tapfersein nicht hilft zum Streit; darin
Unheil nicht traurig macht und Glück nicht froh;
Auf Frag ohn Sinn folgt Antwort ohne Sinn;
Verworrner Traum entsteigt der dunklen Schwelle,
Und Glück ist alles, Stunde, Wind und Welle!
So schmerzlich klug und so enttäuschten Sinn
In müdem Hochmut hegend, in Entsagen
Tief eingesponnen, leb ich ohne Klagen
In diesen Stuben, dieser Stadt dahin.
Die Leute haben sich entwöhnt zu fragen
Und finden, daß ich recht gewöhnlich bin.
Der Diener kommt und stellt einen Teller Kirschen auf den Tisch, dann will er die Balkontüre schließen.
Laß noch die Türen offen ... Was erschreckt dich?

DIENER
Euer Gnaden glauben mirs wohl nicht.
Halb für sich, mit Angst
Jetzt haben sie im Lusthaus sich versteckt.

CLAUDIO
Wer denn?

DIENER Entschuldigen, ich weiß es nicht.
Ein ganzer Schwarm unheimliches Gesindel.

CLAUDIO
Bettler?

DIENER
Ich weiß es nicht.

CLAUDIO So sperr die Tür,
Die von der Gasse in den Garten, zu,
Und leg dich schlafen und laß mich in Ruh.

DIENER

Das eben macht mir solches Graun. Ich hab
Die Gartentür verriegelt. Aber ...

CLAUDIO Nun?

DIENER

Jetzt sitzen sie im Garten. Auf der Bank,
Wo der sandsteinerne Apollo steht,
Ein paar im Schatten dort am Brunnenrand,
Und einer hat sich auf die Sphinx gesetzt.
Man sieht ihn nicht, der Taxus steht davor.

CLAUDIO

Sinds Männer?

DIENER Einige. Allein auch Frauen.
Nicht bettelhaft, altmodisch nur von Tracht,
Wie Kupferstiche angezogen sind.
Mit einer solchen grauenvollen Art,
Still dazusitzen und mit toten Augen
Auf einen wie in leere Luft zu schauen,
Das sind nicht Menschen. Euer Gnaden sei'n
Nicht ungehalten, nur um keinen Preis
Der Welt möcht ich in ihre Nähe gehen.
So Gott will, sind sie morgen früh verschwunden;
Ich will – mit gnädiger Erlaubnis – jetzt
Die Tür vom Haus verriegeln und das Schloß
Einsprengen mit geweihtem Wasser. Denn
Ich habe solche Menschen nie gesehn,
Und solche Augen haben Menschen nicht.

CLAUDIO

Tu, was du willst, und gute Nacht.

Er geht eine Weile nachdenklich auf und nieder. Hinter der Szene erklingt das sehnsüchtige und ergreifende Spiel einer Geige, zuerst ferner, allmählich näher, endlich warm und voll, als wenn es aus dem Nebenzimmer dränge.

Musik?

Und seltsam zu der Seele redende!
Hat mich des Menschen Unsinn auch verstört?
Mich dünkt, als hätt ich solche Töne
Von Menschengeigen nie gehört . . .
Er bleibt horchend gegen die rechte Seite gewandt
In tiefen, scheinbar langersehnten Schauern
Dringts allgewaltig auf mich ein;
Es scheint unendliches Bedauern,
Unendlich Hoffen scheints zu sein,
Als strömte von den alten, stillen Mauern
Mein Leben flutend und verklärt herein.
Wie der Geliebten, wie der Mutter Kommen,
Wie jedes Langverlornen Wiederkehr,
Regt es Gedanken auf, die warmen, frommen,
Und wirft mich in ein jugendliches Meer:
Ein Knabe stand ich so im Frühlingsglänzen
Und meinte aufzuschweben in das All,
Unendlich Sehnen über alle Grenzen
Durchwehte mich in ahnungsvollem Schwall!
Und Wanderzeiten kamen, rauschumfangen,
Da leuchtete manchmal die ganze Welt,
Und Rosen glühten, und die Glocken klangen,
Von fremdem Lichte jubelnd und erhellt:
Wie waren da lebendig alle Dinge,
Dem liebenden Erfassen nah gerückt,
Wie fühlt ich mich beseelt und tief entzückt,
Ein lebend Glied im großen Lebensringe!
Da ahnte ich, durch mein Herz auch geleitet,
Den Liebesstrom, der alle Herzen nährt,
Und ein Genügen hielt mein Ich geweitet,
Das heute kaum mir noch den Traum verklärt.
Tön fort, Musik, noch eine Weile so
Und rührt mein Innres also innig auf:
Leicht wähn ich dann mein Leben warm und froh,

Rücklebend so verzaubert seinen Lauf:
Denn alle süßen Flammen, Loh an Loh
Das Starre schmelzend, schlagen jetzt herauf!
Des allzu alten, allzu wirren Wissens
Auf diesen Nacken vielgehäufte Last
Vergeht, von diesem Laut des Urgewissens,
Den kindisch-tiefen Tönen angefaßt.
Weither mit großem Glockenläuten
Ankündigt sich ein kaum geahntes Leben,
In Formen, die unendlich viel bedeuten,
Gewaltig-schlicht im Nehmen und im Geben.
Die Musik verstummt fast plötzlich.
Da, da verstummt, was mich so tief gerührt,
Worin ich Göttlich-Menschliches gespürt!
Der diese Wunderwelt unwissend hergesandt,
Er hebt wohl jetzt nach Kupfergeld die Kappe,
Ein abendlicher Bettelmusikant.
Am Fenster rechts
Hier unten steht er nicht. Wie sonderbar!
Wo denn? Ich will durchs andre Fenster schaun ...
Wie er nach der Türe rechts geht, wird der Vorhang leise zurückgeschlagen, und in der Tür steht der Tod, den Fiedelbogen in der Hand, die Geige am Gürtel hängend. Er sieht Claudio, der entsetzt zurückfährt, ruhig an.
Wie packt mich sinnlos namenloses Grauen!
Wenn deiner Fiedel Klang so lieblich war,
Was bringt es solchen Krampf, dich anzuschauen?
Und schnürt die Kehle so und sträubt das Haar?
Geh weg! Du bist der Tod. Was willst du hier?
Ich fürchte mich. Geh weg! Ich kann nicht schrein.
Sinkend
Der Halt, die Luft des Lebens schwindet mir!
Geh weg! Wer rief dich? Geh! Wer ließ dich ein?

DER TOD

Steh auf! Wirf dies ererbte Graun von dir!
Ich bin nicht schauerlich, bin kein Gerippe!
Aus des Dionysos, der Venus Sippe,
Ein großer Gott der Seele steht vor dir.
Wenn in der lauen Sommerabendfeier
Durch goldne Luft ein Blatt herabgeschwebt,
Hat dich mein Wehen angeschauert,
Das traumhaft um die reifen Dinge webt;
Wenn Überschwellen der Gefühle
Mit warmer Flut die Seele zitternd füllte,
Wenn sich in plötzlichem Durchzucken
Das Ungeheure als verwandt enthüllte,
Und du, hingebend dich im großen Reigen,
Die Welt empfingest als dein eigen:
In jeder wahrhaft großen Stunde,
Die schauern deine Erdenform gemacht,
Hab ich dich angerührt im Seelengrunde
Mit heiliger, geheimnisvoller Macht.

CLAUDIO

Genug. Ich grüße dich, wenngleich beklommen.
Kleine Pause
Doch wozu bist du eigentlich gekommen?

DER TOD

Mein Kommen, Freund, hat stets nur *einen* Sinn!

CLAUDIO

Bei mir hats eine Weile noch *dahin!*
Merk: eh das Blatt zu Boden schwebt,
Hat es zur Neige seinen Saft gesogen!
Dazu fehlt viel: Ich habe nicht gelebt!

DER TOD

Bist doch, wie alle, deinen Weg gezogen!

CLAUDIO

Wie abgerißne Wiesenblumen

Ein dunkles Wasser mit sich reißt,
So glitten mir die jungen Tage,
Und ich hab nie gewußt, daß das schon Leben heißt.
Dann . . . stand ich an den Lebensgittern,
Der Wunder bang, von Sehnsucht süß bedrängt,
Daß sie in majestätischen Gewittern
Auffliegen sollten, wundervoll gesprengt.
Es kam nicht so . . . und einmal stand ich drinnen,
Der Weihe bar, und konnte mich auf mich
Und alle tiefsten Wünsche nicht besinnen,
Von einem Bann befangen, der nicht wich,
Von Dämmerung verwirrt und wie verschüttet,
Verdrießlich und im Innersten zerrüttet,
Mit halbem Herzen, unterbundnen Sinnen
In jedem Ganzen rätselhaft gehemmt,
Fühlt ich mich niemals recht durchglutet innen,
Von großen Wellen nie so recht geschwemmt,
Bin nie auf meinem Weg dem Gott begegnet,
Mit dem man ringt, bis daß er einen segnet.

DER TOD

Was allen, ward auch dir gegeben,
Ein Erdenleben, irdisch es zu leben.
Im Innern quillt euch allen treu ein Geist,
Der diesem Chaos toter Sachen
Beziehung einzuhauchen heißt
Und euren Garten draus zu machen
Für Wirksamkeit, Beglückung und Verdruß.
Weh dir, wenn ich dir das erst sagen muß!
Man bindet und man wird gebunden,
Entfaltung wirken schwül und wilde Stunden;
In Schlaf geweint und müd geplagt,
Noch wollend, schwer von Sehnsucht, halbverzagt,
Tiefatmend und vom Drang des Lebens warm . . .
Doch alle *reif*, fallt ihr in meinen Arm.

CLAUDIO

Ich bin aber nicht reif, drum laß mich hier.
Ich will nicht länger töricht jammern,
Ich will mich an die Erdenscholle klammern,
Die tiefste Lebenssehnsucht schreit in mir.
Die höchste Angst zerreißt den alten Bann;
Jetzt fühl ich – laß mich – daß ich leben kann!
Ich fühls an diesem grenzenlosen Drängen:
Ich kann mein Herz an Erdendinge hängen.
Oh, du sollst sehn, nicht mehr wie stumme Tiere,
Nicht Puppen werden mir die andern sein!
Zum Herzen reden soll mir all das Ihre,
Ich dränge mich in jede Lust und Pein.
Ich will die Treue lernen, die der Halt
Von allem Leben ist ... Ich füg mich so,
Daß Gut und Böse über mich Gewalt
Soll haben und mich machen wild und froh.
Dann werden sich die Schemen mir beleben!
Ich werde Menschen auf dem Wege finden,
Nicht länger stumm im Nehmen und im Geben,
Gebunden werden – ja! – und kräftig binden.

Da er die ungerührte Miene des Todes wahrnimmt, mit steigender Angst

Denn schau, glaub mir, das war nicht so bisher:
Du meinst, ich hätte doch geliebt, gehaßt ...
Nein, nie hab ich den Kern davon erfaßt,
Es war ein Tausch von Schein und Worten leer!
Da schau, ich kann dir zeigen: Briefe, sieh,

Er reißt eine Lade auf und entnimmt ihr Pakete geordneter alter Briefe.

Mit Schwüren voll und Liebeswort und Klagen;
Meinst du, ich hätte je gespürt, was *die* –
Gespürt, was *ich* als Antwort schien zu sagen?!

Er wirft ihm die Pakete vor die Füße, daß die einzelnen Briefe herausfliegen.

Da hast du dieses ganze Liebesleben,
Daraus nur ich und ich mir widertönte,
Wie ich, der Stimmung Auf- und Niederbeben
Mitbebend, jeden heilgen Halt verhöhnte!
Da! da! und alles andre ist wie das:
Ohn Sinn, ohn Glück, ohn Schmerz, ohn Lieb, ohn Haß!

DER TOD

Du Tor! Du schlimmer Tor, ich will dich lehren,
Das Leben, eh du's endest, einmal ehren.
Stell dich dorthin und schweig und sieh hierher
Und lern, daß alle andern diesen Schollen
Mit lieberfülltem Erdensinn entquollen,
Und nur du selber schellenlaut und leer.

Der Tod tut ein paar Geigenstriche, gleichsam rufend. Er steht an der Schlafzimmertüre, im Vordergrund rechts, Claudio an der Wand links, im Halbdunkel. Aus der Tür rechts tritt die Mutter. Sie ist nicht sehr alt. Sie trägt ein langes schwarzes Samtkleid, eine schwarze Samthaube mit einer weißen Rüsche, die das Gesicht umrahmt. In den feinen blassen Fingern ein weißes Spitzentaschentuch. Sie tritt leise aus der Tür und geht lautlos im Zimmer umher.

DIE MUTTER

Wie viele süße Schmerzen saug ich ein
Mit dieser Luft. Wie von Lavendelkraut
Ein feiner toter Atem weht die Hälfte
Von meinem Erdendasein hier umher:
Ein Mutterleben, nun, ein Dritteil Schmerzen,
Eins Plage, Sorge eins. Was weiß ein Mann
Davon? *An der Truhe*
Die Kante da noch immer scharf?
Da schlug er sich einmal die Schläfe blutig;
Freilich, er war auch klein und heftig, wild

Im Laufen, nicht zu halten. Da, das Fenster!
Da stand ich oft und horchte in die Nacht
Hinaus auf seinen Schritt mit solcher Gier,
Wenn mich die Angst im Bett nicht länger litt,
Wenn er nicht kam, und schlug doch zwei, und schlug
Dann drei und fing schon blaß zu dämmern an ...
Wie oft ... Doch hat er nie etwas gewußt –
Ich war ja auch bei Tag hübsch viel allein.
Die Hand, die gießt die Blumen, klopft den Staub
Vom Kissen, reibt die Messingklinken blank,
So läuft der Tag: allein der Kopf hat nichts
Zu tun: da geht im Kreis ein dumpfes Rad
Mit Ahnungen und traumbeklommenem,
Geheimnisvollem Schmerzgefühle, das
Wohl mit der Mutterschaft unfaßlichem
Geheimem Heiligtum zusammenhängt
Und allem tiefsten Weben dieser Welt
Verwandt ist. Aber mir ist nicht gegönnt,
Der süß beklemmend, schmerzlich nährenden,
Der Luft vergangnen Lebens mehr zu atmen.
Ich muß ja gehen, gehen ...
Sie geht durch die Mitteltüre ab.

CLAUDIO
Mutter!

DER TOD
Schweig!
Du bringst sie nicht zurück.

CLAUDIO
Ah! Mutter, komm!
Laß mich dir einmal mit den Lippen hier,
Den zuckenden, die immer schmalgepreßt,
Hochmütig schwiegen, laß mich doch vor dir
So auf den Knien ... Ruf sie! Halt sie fest!
Sie wollte nicht! Hast du denn nicht gesehen?!
Was zwingst du sie, Entsetzlicher, zu gehn?

DER TOD
Laß mir, was mein. Dein *war* es.

CLAUDIO Ah! und nie
Gefühlt! Dürr, alles dürr! Wann hab ich je
Gespürt, daß alle Wurzeln meines Seins
Nach ihr sich zuckend drängten, ihre Näh
Wie einer Gottheit Nähe wundervoll
Durchschauern mich und quellend füllen soll
Mit Menschensehnsucht, Menschenlust – und -weh?!

Der Tod, um seine Klagen unbekümmert, spielt die Melodie eines alten Volksliedes. Langsam tritt ein junges Mädchen ein; sie trägt ein einfaches großgeblümtes Kleid, Kreuzbandschuhe, um den Hals ein Stückchen Schleier, bloßer Kopf.

DAS JUNGE MÄDCHEN
Es war doch schön ... Denkst du nie mehr daran?
Freilich, du hast mir weh getan, so weh ...
Allein was hört denn nicht in Schmerzen auf?
Ich hab so wenig frohe Tag gesehn,
Und die, die waren schön als wie ein Traum!
Die Blumen vor dem Fenster, meine Blumen,
Das kleine wacklige Spinett, der Schrank,
In den ich deine Briefe legte und
Was du mir etwa schenktest ... alles das
– Lach mich nicht aus – das wurde alles schön
Und redete mit wachen lieben Lippen!
Wenn nach dem schwülen Abend Regen kam
Und wir am Fenster standen – ah, der Duft
Der nassen Bäume! – Alles das ist hin,
Gestorben, was daran lebendig war!
Und liegt in unsrer Liebe kleinem Grab.
Allein es war so schön, und du bist schuld,
Daß es so schön war. Und daß du mich dann
Fortwarfest, achtlos grausam, wie ein Kind,
Des Spielens müd, die Blumen fallen läßt ...
Mein Gott, ich hatte nichts, dich festzubinden.

Kleine Pause

Wie dann dein Brief, der letzte, schlimme, kam,
Da wollt ich sterben. Nicht um dich zu quälen,
Sag ich dir das. Ich wollte einen Brief
Zum Abschied an dich schreiben, ohne Klag,
Nicht heftig, ohne wilde Traurigkeit;
Nur so, daß du nach meiner Lieb und mir
Noch einmal solltest Heimweh haben und
Ein wenig weinen, weils dazu zu spät.
Ich hab dir nicht geschrieben. Nein. Wozu?
Was weiß denn ich, wieviel von deinem Herzen
In all dem war, was meinen armen Sinn
Mit Glanz und Fieber so erfüllte, daß
Ich wie im Traum am lichten Tage ging.
Aus Untreu macht kein guter Wille Treu,
Und Tränen machen kein Erstorbnes wach.
Man stirbt auch nicht daran. Viel später erst,
Nach langem, ödem Elend durft ich mich
Hinlegen, um zu sterben. Und ich bat,
In deiner Todesstund bei dir zu sein.
Nicht grauenvoll, um dich zu quälen nicht,
Nur wie wenn einer einen Becher Wein
Austrinkt und flüchtig ihn der Duft gemahnt
An irgendwo vergeßne leise Lust.

Sie geht ab; Claudio birgt sein Gesicht in den Händen. Unmittelbar nach ihrem Abgehen tritt ein Mann ein. Er hat beiläufig Claudios Alter. Er trägt einen unordentlichen, bestaubten Reiseanzug. In seiner linken Brust steckt mit herausragendem Holzgriff ein Messer. Er bleibt in der Mitte der Bühne, Claudio zugewendet, stehen.

DER MANN

Lebst du noch immer, Ewigspielender?
Liest immer noch Horaz und freuest dich
Am spöttisch-klugen, nie bewegten Sinn?

Mit feinen Worten bist du mir genaht,
Scheinbar gepackt von was auch mich bewegte ...
Ich hab dich, sagtest du, gemahnt an Dinge,
Die heimlich in dir schliefen, wie der Wind
Der Nacht von fernem Ziel zuweilen redet ...
O ja, ein feines Saitenspiel im Wind
Warst du, und der verliebte Wind dafür
Stets eines andern ausgenützter Atem,
Der meine oder sonst. Wir waren ja
Sehr lange Freunde. Freunde? Heißt: gemein
War zwischen uns Gespräch bei Tag und Nacht,
Verkehr mit gleichen Menschen, Tändelei
Mit einer gleichen Frau. Gemein: so wie
Gemeinsam zwischen Herr und Sklave ist
Haus, Sänfte, Hund, und Mittagstisch und Peitsche:
Dem ist das Haus zur Lust, ein Kerker dem,
Den trägt die Sänfte, jenem drückt die Schulter
Ihr Schnitzwerk wund; der läßt den Hund im Garten
Durch Reifen springen, jener wartet ihn! ...
Halbfertige Gefühle, meiner Seele
Schmerzlich geborne Perlen, nahmst du mir
Und warfst sie als dein Spielzeug in die Luft,
Du, schnellbefreundet, fertig schnell mit jedem,
Ich mit dem stummen Werben in der Seele
Und Zähne zugepreßt, du ohne Scheu
An allem tastend, während mir das Wort
Mißtrauisch und verschüchtert starb am Weg.
Da kam uns in den Weg ein Weib. Was mich
Ergriff, wie Krankheit über einen kommt,
Wo alle Sinne taumeln, überwach
Von allzu vielem Schaun nach einem Ziel ...
Nach einem solchen Ziel, voll süßer Schwermut
Und wildem Glanz und Duft, aus tiefem Dunkel
Wie Wetterleuchten webend ... Alles das,

Du sahst es auch, es reizte dich! . . . ›Ja, weil
Ich selber ähnlich bin zu mancher Zeit,
So reizte mich des Mädchens müde Art
Und herbe Hoheit, so enttäuschten Sinns
Bei solcher Jugend.‹ Hast du mirs denn nicht
Dann später so erzählt? Es reizte dich!
Mir war es mehr als dieses Blut und Hirn!
Und sattgespielt warfst du die Puppe mir,
Mir zu, ihr ganzes Bild vom Überdruß
In dir entstellt, so fürchterlich verzerrt,
Des wundervollen Zaubers so entblößt,
Die Züge sinnlos, das lebendge Haar
Tot hängend, warfst mir eine Larve zu,
In schnödes Nichts mit widerlicher Kunst
Zersetzend rätselhaften süßen Reiz,
Für dieses haßte endlich ich dich so,
Wie dich mein dunkles Ahnen stets gehaßt,
Und wich dir aus.
Dann trieb mich mein Geschick,
Das endlich mich Zerbrochnen segnete
Mit einem Ziel und Willen in der Brust –
Die nicht in deiner giftgen Nähe ganz
Für alle Triebe abgestorben war –
Ja, für ein Hohes trieb mich mein Geschick
In dieser Mörderklinge herben Tod,
Der mich in einen Straßengraben warf,
Darin ich liegend langsam moderte
Um Dinge, die du nicht begreifen kannst,
Und dreimal selig dennoch gegen dich,
Der keinem etwas war und keiner ihm.
Er geht ab.

CLAUDIO

Wohl keinem etwas, keiner etwas mir.
Sich langsam aufrichtend

Wie auf der Bühn ein schlechter Komödiant –
Aufs Stichwort kommt er, redt sein Teil und geht,
Gleichgültig gegen alles andre, stumpf,
Vom Klang der eignen Stimme ungerührt
Und hohlen Tones andre rührend nicht:
So über diese Lebensbühne hin
Bin ich gegangen ohne Kraft und Wert.
Warum geschah mir das? Warum, du Tod,
Mußt du mich lehren erst das Leben sehen,
Nicht wie durch einen Schleier, wach und ganz,
Da etwas weckend, so vorübergehen?
Warum bemächtigt sich des Kindersinns
So hohe Ahnung von den Lebensdingen,
Daß dann die Dinge, wenn sie wirklich sind,
Nur schale Schauer des Erinnerns bringen?
Warum erklingt uns nicht dein Geigenspiel,
Aufwühlend die verborgne Geisterwelt,
Die unser Busen heimlich hält,
Verschüttet, dem Bewußtsein so verschwiegen,
Wie Blumen im Geröll verschüttet liegen?
Könnt ich mit dir sein, wo man dich nur hört,
Nicht von verworrner Kleinlichkeit verstört!
Ich kanns! Gewähre, was du mir gedroht:
Da tot mein Leben war, sei du mein Leben, Tod!
Was zwingt mich, der ich beides nicht erkenne,
Daß ich dich Tod und jenes Leben nenne?
In eine Stunde kannst du Leben pressen,
Mehr als das ganze Leben konnte halten,
Das schattenhafte will ich ganz vergessen
Und weih mich deinen Wundern und Gewalten.
Er besinnt sich einen Augenblick.
Kann sein, dies ist nur sterbendes Besinnen,
Heraufgespült vom tödlich wachen Blut,
Doch hab ich nie mit allen Lebenssinnen

So viel ergriffen, und so nenn ichs gut!
Wenn ich jetzt ausgelöscht hinsterben soll,
Mein Hirn von dieser Stunde also voll,
Dann schwinde alles blasse Leben hin:
Erst, da ich sterbe, spür ich, daß ich bin.
Wenn einer träumt, so kann ein Übermaß
Geträumten Fühlens ihn erwachen machen,
So wach ich jetzt, im Fühlensübermaß,
Vom Lebenstraum wohl auf im Todeswachen.
Er sinkt tot zu den Füßen des Todes nieder.

DER TOD *indem er kopfschüttelnd langsam abgeht*
Wie wundervoll sind diese Wesen,
Die, was nicht deutbar, dennoch deuten,
Was nie geschrieben wurde, lesen,
Verworrenes beherrschend binden
Und Wege noch im Ewig-Dunkeln finden.
Er verschwindet in der Mitteltür, seine Worte verklingen. Im Zimmer bleibt es still. Draußen sieht man durchs Fenster den Tod geigenspielend vorübergehen, hinter ihm eine Claudio gleichende Gestalt.

Idylle

NACH EINEM ANTIKEN VASENBILD:
ZENTAUR MIT VERWUNDETER FRAU AM RAND EINES FLUSSES

Der Schauplatz im Böcklinschen Stil. Eine offene Dorfschmiede. Dahinter das Haus, im Hintergrunde ein Fluß. Der Schmied an der Arbeit, sein Weib müßig an die Türe gelehnt, die von der Schmiede ins Haus führt. Auf dem Boden spielt ein blondes kleines Kind mit einer zahmen Krabbe. In einer Nische ein Weinschlauch, ein paar frische Feigen und Melonenschalen.

DER SCHMIED

Wohin verlieren dir die sinnenden Gedanken sich,
Indes du schweigend mir das Werk, feindselig fast,
Mit solchen Lippen, leise zuckenden, beschaust?

DIE FRAU

Im blütenweißen kleinen Garten saß ich oft,
Den Blick aufs väterliche Handwerk hingewandt,
Das nette Werk des Töpfers: wie der Scheibe da,
Der surrenden im Kreis, die edle Form entstieg,
Im stillen Werden einer zarten Blume gleich,
Mit kühlem Glanz des Elfenbeins. Darauf erschuf
Der Vater Henkel, mit Akanthusblatt geziert,
Und ein Akanthus-, ein Olivenkranz wohl auch
Umlief als dunkelroter Schmuck des Kruges Rand.
Den schönen Körper dann belebte er mit Reigenkranz
Der Horen, der vorüberschwebend lebenspendenden.
Er schuf, gestreckt auf königliche Ruhebank,
Der Phädra wundervollen Leib, von Sehnsucht matt,
Und drüber flatternd Eros, der mit süßer Qual die Glieder füllt.

Gewaltgen Krügen liebte er ein Bacchusfest
Zum Schmuck zu geben, wo der Purpurtraubensaft
Aufsprühte unter der Mänade nacktem Fuß
Und fliegend Haar und Thyrsusschwung die Luft erfüllt.
Auf Totenurnen war Persephoneias hohes Bild,
Die mit den seelenlosen, toten Augen schaut
Und, Blumen des Vergessens, Mohn, im heiligen Haar,
Das lebenfremde, asphodelische Gefilde tritt.
Des Redens wär kein Ende, zählt ich alle auf,
Die göttlichen, an deren schönem Leben ich
– Zum zweiten Male lebend, was gebildet war –,
An deren Gram und Haß und Liebeslust
Und wechselndem Erlebnis jeder Art
Ich also Anteil hatte, ich, ein Kind,
Die mir mit halbverstandener Gefühle Hauch
Anrührten meiner Seele tiefstes Saitenspiel,
Daß mir zuweilen war, als hätte ich im Schlaf
Die stets verborgenen Mysterien durchirrt
Von Lust und Leid, Erkennende mit wachem Aug,
Davon, an dieses Sonnenlicht zurückgekehrt,
Mir mahnendes Gedenken andern Lebens bleibt
Und eine Fremde, Ausgeschloßne aus mir macht
In dieser nährenden, lebendgen Luft der Welt.

DER SCHMIED

Den Sinn des Seins verwirrte allzu vieler Müßiggang
Dem schön gesinnten, gern verträumten Kind, mich dünkt.
Und jene Ehrfurcht fehlte, die zu trennen weiß,
Was Göttern ziemt, was Menschen! Wie Semele dies,
Die törich fordernde, vergehend erst begriff.
Des Gatten Handwerk lerne heilighalten du,
Das aus des mütterlichen Grundes Eingeweiden stammt
Und, sich die hundertarmig Ungebändigte,
Die Flamme, unterwerfend, klug und kraftvoll wirkt.

DIE FRAU

Die Flamme anzusehen, lockts mich immer neu,
Die wechselnde, mit heißem Hauch berauschende.

DER SCHMIED

Vielmehr erfreue Anblick dich des Werks!
Die Waffen sieh, der Pflugschar heilige Härte auch,
Und dieses Beil, das wilde Bäume uns zur Hütte fügt.
So schafft der Schmied, was alles andre schaffen soll.
Wo duftig aufgeworfne Scholle Samen trinkt
Und gelbes Korn der Sichel dann entgegenquillt,
Wo zwischen stillen Stämmen nach dem scheuen Wild
Der Pfeil hinschwirrt und tödlich in den Nacken schlägt,
Wo harter Huf von Rossen staubaufwirbelnd dröhnt
Und rasche Räder rollen zwischen Stadt und Stadt,
Wo der gewaltig klirrende, der Männerstreit
Die hohe liederwerte Männlichkeit enthüllt:
Da wirk ich fort und halt umwunden so die Welt
Mit starken Spuren meines Tuens, weil es tüchtig ist.
Pause

DIE FRAU

Zentauren seh ich einen nahen, Jüngling noch,
Ein schöner Gott mir scheinend, wenn auch halb ein Tier,
Und aus dem Hain, entlang dem Ufer, traben her.

DER ZENTAUR *einen Speer in der Hand, den er dem Schmied hinhält*

Find ich dem stumpfgewordnen Speere Heilung hier
Und neue Spitze der geschwungnen Wucht? Verkünd!

DER SCHMIED

Ob deinesgleichen auch, dich selber sah ich nie.

DER ZENTAUR

Zum ersten Male lockte mir den Lauf
Nach eurem Dorf Bedürfnis, das du kennst.

DER SCHMIED Ihm soll

In kurzem abgeholfen sein. Indes erzählst

Du, wenn du dir den Dank der Frau verdienen willst,
Von fremden Wundern, die du wohl gesehn, wovon
Hieher nicht Kunde dringt, wenn nicht ein Wandrer
kommt.

DIE FRAU

Ich reiche dir zuerst den vollen Schlauch: er ist
Mit kühlem säuerlichem Apfelwein gefüllt,
Denn andrer ist uns nicht. Das nächste Dürsten stillt
Wohl etwa weit von hier aus beßrer Schale dir
Mit heißerm Safte eine schönre Frau als ich.

Sie hat den Wein aus dem Schlauch in eine irdene Trinkschale gegossen, die er langsam schlürft.

DER ZENTAUR

Die allgemeinen Straßen zog ich nicht und mied
Der Hafenplätze vielvermengendes Gewühl,
Wo einer leicht von Schiffern bunte Mär erfährt.
Die öden Heiden wählte ich zum Tagesweg,
Flamingos nur und schwarze Stiere störend auf,
Und stampfte nachts das Heidekraut dahin im Duft,
Das hyazinthne Dunkel über mir.
Zuweilen kam ich wandernd einem Hain vorbei,
Wo sich, zu flüchtig eigensinnger Lust gewillt,
Aus einem Schwarme von Najaden eine mir
Für eine Strecke Wegs gesellte, die ich dann
An einen jungen Satyr wiederum verlor,
Der, syrinxblasend, lockend wo am Wege saß.

DIE FRAU

Unsäglich reizend dünkt dies Ungebundne mir.

DER SCHMIED

Die Waldgebornen kennen Scham und Treue nicht,
Die erst das Haus verlangen und bewahren lehrt.

DIE FRAU

Ward dir, dem Flötenspiel des Pan zu lauschen? Sag!

DER ZENTAUR

In einem stillen Kesseltal ward mirs beschert.
Da wogte mit dem schwülen Abendwind herab
Vom Rand der Felsen rätselhaftestes Getön,
So tief aufwühlend wie vereinter Drang
Von allem Tiefsten, was die Seele je durchbebt,
Als flög mein Ich im Wirbel fortgerissen mir
Durch tausendfach verschiedne Trunkenheit hindurch.

DER SCHMIED

Verbotenes laß lieber unberedet sein!

DIE FRAU

Laß immerhin, was regt die Seele schöner auf?

DER SCHMIED

Das Leben zeitigt selbst den höhern Herzensschlag,
Wie reife Frucht vom Zweige sich erfreulich löst.
Und nicht zu andern Schauern sind geboren wir,
Als uns das Schicksal über unsre Lebenswelle haucht.

DER ZENTAUR

So blieb die wunderbare Kunst dir unbekannt,
Die Götter üben: unter Menschen Mensch,
Zu andern Zeiten aufzugehn im Sturmeshauch,
Und ein Delphin zu plätschern wiederum im Naß
Und ätherkreisend einzusaugen Adlerlust?
Du kennst, mich dünkt, nur wenig von der Welt, mein Freund.

DER SCHMIED

Die ganze kenn ich, kennend meinen Kreis,
Maßloses nicht verlangend, noch begierig ich,
Die flüchtge Flut zu ballen in der hohlen Hand.
Den Bach, der deine Wiege schaukelte, erkennen lern,
Den Nachbarbaum, der dir die Früchte an der Sonne reift
Und dufterfüllten lauen Schatten niedergießt,
Das kühle grüne Gras, es trats dein Fuß als Kind.
Die alten Eltern tratens, leise frierende,

Und die Geliebte trats, da quollen duftend auf
Die Veilchen, schmiegend unter ihre Sohlen sich;
Das Haus begreif, in dem du lebst und sterben sollst,
Und dann, ein Wirkender, begreif dich selber ehrfurchts-
voll,
An diesen hast du mehr, als du erfassen kannst –
Den Wanderliebenden, ich halt ihn länger nicht, allein
Der letzten Glättung noch bedarfs, die Feile fehlt,
Ich finde sie und schaffe dir das letzte noch.
Er geht ins Haus.

DIE FRAU

Dich führt wohl nimmermehr der Weg hierher zurück.
Hinstampfend durch die hyazinthne Nacht, berauscht,
Vergissest meiner du am Wege, fürcht ich, bald,
Die deiner, fürcht ich, nicht so bald vergessen kann.

DER ZENTAUR

Du irrst: verdammt von dir zu scheiden wärs,
Als schlügen sich die Gitter dröhnend hinter mir
Von aller Liebe dufterfülltem Garten zu.
Doch kommst du, wie ich meine, mir Gefährtin mit,
So trag ich solchen hohen Reiz als Beute fort,
Wie nie die hohe Aphrodite ausgegossen hat,
Die allbelebende, auf Meer und wilde Flut.

DIE FRAU

Wie könnt ich Gatten, Haus und Kind verlassen hier?

DER ZENTAUR

Was sorgst du lang, um was du schnell vergessen hast?

DIE FRAU

Er kommt zurück, und schnell zerronnen ist der Traum!

DER ZENTAUR

Mitnichten, da doch Lust und Weg noch offensteht.
Mit festen Fingern greif mir ins Gelock und klammre dich,
Am Rücken ruhend, mir an Arm und Nacken an!
Sie schwingt sich auf seinen Rücken, und er stürmt hell

schreiend zum Fluß hinunter, das Kind erschrickt und bricht in klägliches Weinen aus. Der Schmied tritt aus dem Haus. Eben stürzt sich der Zentaur in das aufrauschende Wasser des Flusses. Sein bronzener Oberkörper und die Gestalt der Frau zeichnen sich scharf auf der abendlich vergoldeten Wasserfläche ab. Der Schmied wird sie gewahr; in der Hand den Speer des Zentauren, läuft er ans Ufer hinab und schleudert, weit vorgebeugt, den Speer, der mit zitterndem Schaft einen Augenblick im Rücken der Frau steckenbleibt, bis diese mit einem gellenden Schrei die Locken des Zentauren fahrenläßt und mit ausgebreiteten Armen rücklings ins Wasser stürzt. Der Zentaur fängt die Sterbende in seinen Armen auf und trägt sie hocherhoben stromabwärts, dem andern Ufer zuschwimmend.

Der weiße Fächer

EIN ZWISCHENSPIEL

PERSONEN: Der Prolog · Fortunio · seine Großmutter · Livio Miranda · Die Mulattin, Catalina: ihre Dienerinnen · Der Epilog

DER PROLOG

Merkt auf, Ihr guten Herrn und schönen Damen:
Nun kommt ein Spiel, das hat nicht größre Kraft
Als wie ein Federball. Sein ganzer Geist ist dies:
Daß Jugend gern mit großen Worten ficht
Und doch zu schwach ist, nur dem kleinen Finger
Der Wirklichkeit zu trotzen.
Und wie ein Federball, das Kinderspielzeug,
Den Vogel nachahmt, also ahmt dies Spiel
Dem Leben nach, meint nicht, ihm gleich zu sein,
Vielmehr für unerfahrne Augen nur
Erborgts ein Etwas sich von seinem Schein.

Vor dem Eingang eines Friedhofes, nahe der Hauptstadt einer westindischen Insel. Kostüm der zwanziger Jahre des vorigen Jahrhunderts. – Die linke Seite und den Hintergrund bildet die lebendige, mit Blüten bedeckte Hecke, die den Friedhof umsäumt. Sie hat an mehreren Stellen Eingänge. Dahinter sind kleine Hügel mit Fußwegen, hie und da Zypressen. Deutlich sieht man nur einen einzigen Grabhügel, links nahe dem Vordergrund. Auch er ist von einem Zelt blühender Kletterrosen verschleiert. Fortunio und sein Freund treten von rechts auf.

LIVIO

Zuweilen muß ich staunen, wenn ich denk,
Daß du so jung, kaum älter wie ich selber,
Mich so viel Dinge lehren kannst. Mir ist,
Du mußt schon alles wissen, was es gibt.

FORTUNIO

Ich weiß sehr wenig. Aber einen Blick
Hab ich getan ins Tiefre. Irgendwie erkannt:
Dies Leben ist nichts als ein Schattenspiel:
Gleit mit den Augen leicht darüber hin,
Dann ists erträglich, aber klammre dich
Daran, und es zergeht dir in den Fingern.
Auf einem Wasser, welches fließt, der Schatten
Von Wolken ist ein minder nichtig Ding,
Als was wir Leben nennen. Ehr und Reichtum
Sind lustige Träume in der Morgenfrüh,
›Besitz‹ von allen Wörtern ohne Sinn
Das albernste, von einem Schullehrer
Ersonnen, welcher meinte, jedem Wort
Müßt eins entgegenstehn, wie Weiß dem Schwarz,
Und so gebildet, weil Besessenwerden
Ein wirklich Ding.

LIVIO

Du kennst das Leben gut und hast mich früher
So viel gelehrt. So mußt du dich ins Leben
Doch wieder finden, nicht in einen Schmerz
Dein Selbst verwühlen und an dieses Grab
Dich zäher ranken, als die Winde tut.

FORTUNIO

Das aber will ich. Ich will besser sein
Als dieses Schattenspiel, darin die Rolle
Des Witwers auf mich fiel. Ob allzu jung,
Ich will sie spielen mit so großer Treue,
So bittrem Ernst ... Ein jeder kann sein Schicksal

So adeln als erniedern. Aufgeprägt
Ist keinem Ding sein Wert, es ist so viel,
Als du draus machst. An Dummen oder Narren
Rinnt alles ab wie Wasser, innrer Wert
Wird darin, wie du etwas nimmst, bewährt.

LIVIO

Doch hast du mir gesagt, und nicht nur einmal:
Es ziemt uns nicht im Glück und nicht im Leid,
Die Hände in den Schoß zu legen. Tun
Und Denken, sagtest du, das sind die Wurzeln
Des Lebens, und es ziemt uns auszuruhn
Vom Tun im Denken, vom Denken dann im Tun.
Doch du verachtest nun die Anteilnahme
Am Menschlichen, und dies ist doch der Anfang
Und Weg zu allem Tun ...

FORTUNIO

So tu ich nicht!
Veracht ich meine Diener? Bin ich nicht,
Seit dieses schwere Schicksal auf mich kam
Vor allen Edelleuten dieser Insel
Ein guter Herr? Frag meine weißen Diener,
Die Farbigen auf meinen Gütern frag!
Hab ich an dir nicht Freude, süßer Freund,
Mein zweites, liebres, wolkenloses Selbst?
So laß mir auch den Weg zu diesem Grab:
Er raubt mich ja nicht dir, er nimmt den Platz
Nur eben ein, den sonst der Frauendienst ...

LIVIO

Dies aber ists. Dies kannst du aus dem Leben
Nicht so mit Willkür ...

FORTUNIO

Lieber Freund, sei still!
Weißt du, was da sein muß, damit ein Mann ...
Ich mein: weißt du das einzige Gewürz,
Das einzige, das niemals fehlen darf

In einem Liebestrank, das einzige Ding, woran
Der Zauber hängt ...

LIVIO
Ich weiß nicht, was du meinst.

FORTUMIO
Geheimnis heißt das Ding. Sonst sei ein Weib
Schön oder häßlich, ob gemein, ob hoch,
Ob Kind, ob Messalina, dies ist gleich,
Doch ein Geheimnisvolles muß es sein,
Sonst ist sie nichts. Und das sind sie mir alle:
Geheimnislos ... schal über alle Worte.
Nicht ohne Bedeutung, aber ohne Absicht
Erlebte Dinge aus der Knabenzeit,
Kindische, halbvergeßne, die wie Trauben,
Am Weinstock übersehen, in mir hängen
Und dörren, sind nicht so geheimnislos,
Nicht ganz so ohne Reiz wie alles, was
Ich vor mir seh an solchen Möglichkeiten.
Sei still, ich bitte dich, es macht mich zornig.
Er steht vor dem Grab, nur durch die Hecke getrennt.
Hier liegt Geheimnis, hier liegt mein Geheimnis,
Und dächt ich mich zu Tod, ich schöpfts nicht aus!
Du hast sie doch gekannt und redest noch!

LIVIO
Sie war sehr schön. Sie war so wie ein Kind.

FORTUNIO
Sie war ein Kind, und wie bei einem Kind
Ein neugebornes Wunder jeder Schritt.
Wenn wir was reden, Livio, tauschen wir
Nur schale, abgegriffne Zeichen aus:
Von ihren Lippen kamen alle Worte
Wie neugeformt aus unberührtem Hauch,
Zum erstenmal beladen mit Bedeutung.
Mit unbefangnen Augen stand sie da
Und ehrte jedes Ding nach seinem Wert,

Gerechter als ein Spiegel; niemals dort
Mit Lächeln zahlend, wo das Lächeln nicht von selbst
Aus ihres Innern klarem Brunnen aufstieg;
Sich gebend wie die Blume unterm Wind,
Weil sie nichts andres weiß, und unberührt,
Ja unberührbar, keiner Scham bedürftig,
Weil Scham doch irgendeines Zwiespalts Kind
Und sie so völlig einig in sich selber.
Hätt ich ein Kind von ihr, vielleicht ertrüg ichs
Und käm einmal im Jahr an dieses Grab:
So – ist Erinnerung alles, was mir blieb.

Die Großmutter und ihr Diener treten von rückwärts auf, aus dem Friedhof heraus. Sie ist eine schöne alte Frau; sie trägt ein langes Kleid aus Goldstoff mit eingewebten schwarzen Blumen und geht mit einem Stock. Der Neger trägt ihr Sonnenschirm und Fächer nach.

GROSSMUTTER Fortunio, wie gehts dir?

FORTUNIO Großmutter, was machst du hier?

GROSMUTTER Eine schöne Frage! Unter der nächsten Zypresse ist deines Vaters, meines Sohnes, Grab und unter der zweitnächsten deines Großvaters, meines Mannes. In den Gräbern, auf deren Steinen du kaum mehr die Namen lesen kannst, liegen meine Freunde und Freundinnen. Ich hab hier mehr Gräber, die mich angehn, als du Zähne im Munde hast.

FORTUNIO Ich habe nur eines, aber das ist mir genug.

GROSSMUTTER Deine Frau war ein Kind. Sie spielt im Himmel Ball mit den unschuldigen Kindern von Bethlehem. Geh nach Hause.

Fortunio schweigt, schüttelt den Kopf.

GROSSMUTTER Wer ist der junge Herr?

FORTUNIO Mein Freund. Er heißt Livius und ist aus dem Hause Cisneros.

GROSSMUTTER Ich habe Ihre Großmutter gekannt, Señor.

Sie war drei Jahre jünger als ich und viel schöner. Ich war einmal sehr eifersüchtig auf sie ... Er hat hübsche Augen: wenn er zornig ist, müssen sie ganz dunkel werden: so waren die Augen seiner Großmutter auch ... Was sind das für Vögel, Señor?

LIVIO Wo, gnädige Frau?

GROSSMUTTER Dort auf den Weidenbüschen.

LIVIO Ich glaube Lerchen, gnädige Frau.

GROSSMUTTER *mit einem leisen, sehr anmutigen Spott.*

Nein, Señor, es sind Meisen, Lerchen sitzen nie auf Büschen. Lerchen sind entweder hoch in der Luft oder ganz am Boden zwischen den Schollen. Lerchen sitzen nie auf Büschen. Ein Maulesel ist kein Jagdpferd und ein Kolibri kein Schmetterling. Ihre Augen sind hübsch, aber Sie haben sie umsonst im Kopf. Was sind das für junge Leute? Haben Sporen an den Füßen und schleichen hier herum und bleiben an den Grabsteinen hängen. Hier gehören solche Kleider her wie meines, das alle welken Blätter mitnimmt und die schmalen Wege reinfegt. Laßt die Toten ihre Toten begraben. Was steht ihr hier und dämpft eure hübschen jungen Stimmen und flüstert wie die Nonne am Gitter? Komm, Fortunio, gehen wir nach Haus. Ich will bei dir nachtmahlen.

FORTUNIO Nein, Großmutter, ich möchte noch hierbleiben. Komm morgen zu Tisch zu mir.

GROSSMUTTER Wie alt bis du, Fortunio?

FORTUNIO Bald vierundzwanzig, Großmutter.

GROSSMUTTER Du bist ein Kind, und diese übermäßige Trauer ist in dir so wenig an ihrem rechten Platz, als wenn einer eine Zypresse in einen kleinen irdenen Topf voll lockerer Gartenerde einsetzen wollte.

FORTUNIO Wie stark man einen Verlust betrauert, richtet sich nicht nach dem Alter, sondern nach der Größe des Verlustes.

GROSSMUTTER Ich war ein Jahr älter, wie du jetzt bist, als ich deines Großvaters Frau wurde. Du weißt, daß ich schon vorher mit einem anderen vermählt war. Die Leiche meines Mannes brachten sie mir eines Tages nach Haus, als ich mit dem Essen auf ihn wartete, und am gleichen Tag sah ich die Leichen meiner beiden Brüder.

Livio sieht sie an.

GROSSMUTTER Es war im Mai 1775, Señor.

FORTUNIO Ich habe kein Kind von ihr, nichts. Als sie den Sarg aufhoben, trugen sie alles weg.

GROSSMUTTER Dein Großvater und ich, wir waren zehn Jahre verbannt. Als uns das Schiff wegtrug, standen wir mit großen trockenen Augen, solange wir die Küste sahen. Auf einmal sank der letzte Hügel in das goldfarbene Meer wie ein schwerer dunkler Sarg. Wir waren Bettler, ärmer als Bettler, denn wir hatten nicht einmal unsere Namen: und dort in dem Steinsarg war alles, unsere Eltern, unsere Kinder, unsere Häuser, unsere Namen .... Wir waren wie Schatten.

FORTUNIO Sie war das schuldloseste kleine Wesen auf der Welt. Warum hat sie sterben müssen?

GROSSMUTTER Ich habe junge Frauen aus den ersten Familien des Landes ihre Ehre an einen Elenden verkaufen sehen, um ihre Männer vor dem Galgen und ihre Kinder vor dem Verhungern zu retten. Du hast sehr wenig erlebt, Fortunio.

Fortunio schweigt.

Ich habe viel erlebt. Ich weiß, daß der Tod immer da ist. Immer geht er um uns herum, wenn man ihn auch nicht sieht; irgendwo steht er im Schatten und wartet und erdrückt einen kleinen Vogel oder bricht ein welkes Blatt vom Baum. Ich habe fürchterliche Dinge gesehen. Aber nach alledem habe ich das Leben lieb, immer lieber. Ich fühl es jetzt selbst dort, wo ich es früher nicht gefühlt habe, in den Steinen am Boden, in den großen schwerfälligen Rindern mit ihren guten Augen. Geh, geh, du wirst erst lernen es liebhaben.

FORTUNIO Ich weiß nicht, Großmutter.

GROSSMUTTER *sich von ihm abwendend, zu ihrem Diener.* Domingo, gib das Vogelfutter. Nicht das, das mögen sie nicht, diese Kleinen. Die Körner gib her! *Sie füttert einen Schwarm kleiner Vögel.*

Pause

Da! *Auf einmal flattern die Vögel weg.*

Habt ihrs gehört?

LIVIO Es war wie das Weinen eines ganz kleinen Kindes.

FORTUNIO Es muß ein Vogel gewesen sein.

GROSSMUTTER Ein Vogel! So hast du das noch nie in deinem Leben gehört? Ein junges Kaninchen wars, das von einem Wiesel gefangen wird. Was hast du mit deinen Bubenjahren angefangen, Fortunio, daß du das nicht kennst! Dir waren damals deiner Kusine Miranda kleine seidene Schuhe wichtiger als die Fährte von einem Hirsch am Waldrand, lieber, beim Ballspielen ihr Kleid anzurühren, als bei der Hirschhetze mit der Stirn an feuchten raschelnden Zweigen hinzustreifen. So hast du dir damals das vorweggenommen, was für später gehört, und was du damals versäumt hast, holst du nie wieder nach. Was ist Jugend für ein eigensinniges Ding! Wie der Kuckuck, der aus allen Nestern das hinauswirft, was hineingehört, um seine eigenen Eier dafür hineinzulegen. Ihr jungen Leute habt etwas an euch, das einen leicht ungeduldig machen könnte. Wie ein Schauspieler seid ihr, der sich eine Rolle aus dem Stegreif selber dichtet und auf keine Stichwörter achtgibt. Später wird das anders. Alles, was du im Kopf hast, ist altkluges Zeug. Laß das sein, Fortunio. Willst du jetzt mitkommen?

FORTUNIO Nein, ich möchte lieber hierbleiben.

GROSSMUTTER So kommen Sie mit mir, Señor. Ich glaube, eine alte Frau ist noch weniger langweilig als dieser junge Herr. Ich werde Ihnen eine Geschichte erzählen. Was für eine wollen Sie, eine Liebesgeschichte oder eine Jagdgeschichte?

Livio gibt ihr den Arm; sie gehen fort, der Diener hinter ihnen.

LIVIO *im Abgehen:* Leb wohl, Fortunio.

FORTUNIO Gute Nacht, Livio.

Sie verschwinden zwischen den Bäumen rechts.

Fortunio allein

Wer mich verwirren will, wie gut ers meint,
Und ob ers selbst nicht weiß, der ist mein Feind.
Erinnerung ist alles, was mir blieb:
Wer mich verwirrt, verstört mir auch dies letzte.
Doch dieses Grabes Nähe ist sehr stark,
Und wie aus einem dunklen, tiefen Spiegel
Steigt die Vergangenheit herauf, so lieblich,
So jenseits aller Worte, unbegreiflich
Wie Rosen, unergründlich wie die Sterne!
Wenn dies Altklugheit ist, so will ich nie
Die wahre Klugheit lernen. Nein, ich will
Nichts andres lernen als nur mir vorstellen,
Wie sie dasaß ... und da ... am Weinberg wars
Das letzte Mal! Sie hatte offnes Haar ...
Sie sagte: ›Still‹ ... da sah ich eine Maus,
Die kam und unter einem gelben Weinblatt
Vergeßne Beeren stahl und mühsam trug.

Er geht durch die Hecke, setzt sich neben dem Grabe nieder, die Kletterrosen verdecken ihn, doch nicht völlig.

Miranda und die Mulattin treten auf, von rechts. Miranda trägt ein weißes Mullkleid mit schwarzem Samt.

MIRANDA Ich verbiete dir, zu mir von diesen Dingen zu

sprechen, Sancha. Es mag Witwen geben, die solche Reden gerne hören, ich gehöre nicht zu ihnen.

MULATTIN Ich kann auch schweigen, aber niemand wird mich hindern, im stillen davon überzeugt zu sein, daß ich recht habe und daß die übermäßige Einsamkeit schuld an dieser Traurigkeit, an diesen plötzlichen Anfällen von Beklemmung ist.

MIRANDA Damit du dir auch nicht einmal einbildest, recht zu haben, obwohl mir das natürlich ganz gleichgültig ist, so will ich dir sagen, was schuld daran ist, daß ich so plötzlich habe anspannen lassen und in der großen Hitze hier hereingefahren bin, um das Grab meines Mannes zu besuchen. Ein Traum, den ich heute nacht geträumt habe, hat mich so beängstigt. Mir träumte, ich stünde am Grabe meines Mannes. Es war ganz mit frischen Blumen bestreut, so wie ich dem Gärtner befohlen habe, es täglich zu bestreuen. Die Blumen waren unbeschreiblich schön, sie leuchteten wie lebendige Lippen und Augen. Auf einmal beugte ich mich hinab und sah, daß unter den Blumen wirklich Lippen und Augen hervorleuchteten. Es war das Gesicht meines seligen Mannes, jugendlicher, als ich es je gekannt habe, funkelnd von Frische und Leben, und kleiner, dünkt mich, als in der Wirklichkeit. Dann fingen die Blumen zu welken an, ihre Ränder verdorrten, die Kelche schrumpften zusammen, und auch das Gesicht schien zu welken, schrumpfte zusammen, ich konnte es nicht mehr deutlich sehen. Es war ganz bedeckt mit welken Blüten. Ich hatte meinen weißen Fächer in der Hand und wehte die Blumen auseinander, um das Gesicht wieder zu sehen. Raschelnd flogen sie auseinander wie dürre Blätter, aber das Gesicht war nun nicht da; der Grabhügel leer, kahl und staubtrocken. Und mir war, als ob ich ihn aus meinem Fächer trockengefächelt hätte, und darüber fing ich so zu weinen an, daß ich erwachte.

MULATTIN Aber es war doch nichts so Schlimmes, gnädige Frau.

MIRANDA Du kannst nicht wissen, warum mich das so entsetzlich berührt. Du weißt nicht, womit das zusammenhängt.

MULATTIN Aber ich weiß, wo solche Träume herkommen. Ich wundere mich, daß die gnädige Frau nicht jede Nacht etwas Entsetzliches träumt. Unser Haus ist der traurigste Aufenthalt, den man sich vorstellen kann. Die Öde der Tage nur abgelöst von der Öde der Nächte. Der totenstille Garten mit den wenigen starren Bäumen und den verwilderten Lauben. Die Teiche ohne Wasser, nebenbei das leere Flußbett, das im Mond blinkt wie die Wohnung des Todes. Draußen die schweigende blendende Glut und innen die grabdunkeln Zimmer. Und alle kühlen heimlichen Kammern, die Terrassen, das Lusthaus, alles versperrt...

MIRANDA Du weißt, daß ich es so haben will. Jetzt kannst du hier stehenbleiben und mich erwarten.

MULATTIN Ich möchte, wenn die gnädige Frau erlaubt, lieber der Catalina entgegengehen. Sie ist vom Land, sie kann den Weg leicht verfehlen.

MIRANDA Gut. Wartet dann beide hier auf mich. Aber zuerst gib mir noch meinen Fächer.

Mulattin gibt ihr, unter einem Schal hervor, einen weißen Fächer.

Miranda zornig: Der weiße! Hab ich dir nicht befohlen, einen anderen zu nehmen?

MULATTIN Die gnädige Frau ist schon im Wagen gesessen, und alle anderen Fächer sind in der rückwärtigen Kleiderkammer eingesperrt. .

MIRANDA *gibt ihn zurück.* So will ich lieber gar keinen. *Nimmt ihn wieder.* Nein, ich will ihn nur nehmen. Man muß solchen Träumereien gleich im Anfang widerstehen, sonst bekommen sie zu große Gewalt. *Die Mulattin geht ab. Miranda will langsam den gewundenen Weg nach rückwärts gehen. Im gleichen Augenblick ist Fortunio aus der Hecke herausgetreten. Er geht mit gesenktem Kopf und sieht sie erst an, wie er dicht vor ihr steht.*

FORTUNIO Miranda!

MIRANDA Wir haben uns lange nicht gesehen, Vetter. Aber es ist ganz natürlich, daß wir uns hier treffen. Du kommst vom Grab deiner Frau, und ich gehe zum Grab meines Mannes.

FORTUNIO Ich erinnere mich an den Brief, den du mir nach dem Tod meiner Frau geschrieben hast. Ich weiß nicht, was für Worte du gebrauchtest, aber er hatte etwas Sanftes, Freundliches und zugleich etwas so Fernes.

MIRANDA Ich erinnere mich kaum deiner, wie du beim Leichenbegängnis meines Mannes in meinem Hause warst. Es waren so viele Verwandte da. Du standest eine lange Weile hinter mir, und ich hatte es nicht bemerkt; erst als du weggingst, wurde ich dich gewahr, und auch nicht dich selber, sondern nur in dem marmornen Pfeiler neben mir den hellen Schatten deines Gesichts und den dunkeln deiner Kleidung, die sich lösten und fortglitten.

FORTUNIO Das ist sonderbar: auch ich erinnere mich an den blassen Schatten deines Gesichts und an den dunkeln deines Kleides, der über den marmornen Pfeiler schwebte.

MIRANDA *mit schwachem Lächeln:* Das paßt zu uns: wir waren füreinander immer nur wie Schatten.

FORTUNIO Warum sagst du das?

MIRANDA Findest du nicht, daß es wahr ist?

FORTUNIO Du meinst, in unserer Kinderzeit?

MIRANDA Ja, ich meine in der früheren Zeit, bevor wir uns verheirateten.

FORTUNIO Bevor du dich verheiratetest.

MIRANDA Und du. Es war fast gleichzeitig. Gleichviel. Aber

Schatten ist vielleicht nicht das richtige Wort. Es war nichts Düsteres dabei. Nur so etwas Unbestimmtes, etwas unsäglich Unbestimmtes, Schwebendes. Es war wie das Spielen von Wolken in der dämmernden Luft im Frühjahr.

FORTUNIO Wolken, aus denen nachher kein Gott hervortrat.

MIRANDA Und keine Göttin. *Pause.* Es ist töricht, auf vergangene Dinge zurückzukommen, nicht wahr?

Fortunio schweigt.

Verzeih, es war sehr ungeschickt von mir und überflüssig. Du kannst versichert sein, daß ich in allen diesen Jahren an diese Dinge nicht gedacht habe. *Fortunio schweigt.*

Es scheint, daß wir uns nicht viel zu sagen haben. Und es wird spät. Leb wohl, Fortunio. *Will gehen.*

FORTUNIO Miranda, was war dein Mann für ein Mensch?

Miranda sieht ihn groß an.

Nein, sieh mich nicht so an. Ich wollte nichts sagen, was dich kränkt. Ich meine: ich habe ihn sehr wenig gekannt. Er muß eine große Gewalt über dich gehabt haben. Er hat dich sehr verändert.

MIRANDA Ich weiß nicht, ob er es ist, der mich so verändert hat.

FORTUNIO Es kann auch das Alleinsein schuld sein.

MIRANDA Ja: er, sein Tod, das Alleinsein, alles zusammen. Aber gerade du kannst das kaum bemerken. Du mußt doch fast gar nichts von mir wissen, wie ich früher war. Es ist unmöglich, daß du etwas Wirkliches weißt.

FORTUNIO Ich weiß nicht...

MIRANDA Es gibt Augenblicke, die einen um ein großes Stück weiterbringen, Augenblicke, in denen sich sehr viel zusammendrängt. Es sind die Augenblicke, in denen man sich und sein Schicksal als etwas unerbittlich Zusammengehöriges empfindet.

FORTUNIO Du hast viele solche Augenblicke erlebt? ...

MIRANDA Es waren einige in den Tagen, bevor mein Mann sterben mußte. Einmal, da wars gegen Abend. Ich saß bei seinem Bett und hatte eine Menge Bücher und wollte ihm vorlesen. Ich nahm zuerst die Schriften der heiligen Therese in die Hand, aber das Buch beängstigte mich: mir war, als stünde in jeder Zeile etwas vom Tod. Ich legte es weg und fing an, die Geschichte von Manon Lescaut vorzulesen. Während ich las, fühlte ich seine Augen auf mir und fühlte, daß er etwas sagen wollte. Ich hielt inne: er sah mich mit einem unbeschreiblich schüchternen Blick an und machte gegen das Buch hin eine Handbewegung, eine ganz kleine Handbewegung. Aber es lag alles darin, was er sagen wollte: Was kümmert mich dieser junge Mensch und seine Geliebte, ihre Soupers und ihre Betrügereien, ihre Tränen und ihre Verliebtheit, was kümmert das alles mich, da ich doch *sterben* muß! Ich legte das Buch weg. Es schien noch etwas in seinen Augen zu liegen, etwas, eine Bitte, eine Frage. Ich fühlte in diesem Augenblick, da dieser Blick auf mir ruhte, die entsetzliche Gewalt der Wirklichkeit. Ich kann es dir nicht anders sagen. Ich fühlte, daß ich ihn mit einem Zucken meiner Augenlider in einen Abgrund werfen konnte, wie der Ertrinkende versinken muß, wenn du ihm die Finger abschlägst, mit denen er sich an ein Boot klammert. Ich fühlte, daß, wenn ich jetzt aufstünde, mein erster Schritt mich Tausende von Meilen von ihm wegtragen würde. Ich konnte diesen Blick nicht ertragen, mir war, als dauerte es schon Stunden, daß ich so dasäße.

FORTUNIO Arme, du hast viel gelitten.

MIRANDA Ich murmelte irgend etwas, ich weiß nicht was. Nur das weiß ich, daß es dann irgendwie so kam, daß er darauf antwortete: ›Laß, laß ... aber solange die Erde über meinem Grab nicht trocken ist, wirst du an keinen andern denken, nicht wahr ...‹, und während er das sagte, wechselte der Ausdruck in seinem Gesicht in einer fürchterlichen Weise, seine armen Augen nahmen etwas Kaltes, fast Feindseliges an, und er lächelte schwach, wie in Verachtung. *Sie sieht vor sich nieder. Beide schweigen.*

FORTUNIO *nach einer Pause:* Und jetzt bist du völlig allein?

Miranda schweigt, sieht ihn zerstreut an.

Du mußt dich sehr verändert haben, daß du das erträgst.

Miranda schweigt.

Du warst das anschmiegendste kleine Wesen, das ich je gekannt habe. Du konntest nie allein sein. Selbst gegen deinen Vater warst du wie gegen einen Bräutigam.

MIRANDA *sehr kalt:* Mein Vater hat jetzt seine zweite Frau, er braucht mich nicht. Ich muß jetzt gehen, Fortunio, mein Wagen und meine Dienerinnen warten auf mich. *Sie geht.*

FORTUNIO Leb wohl. *Geht gegen rechts.*

Wie sie schon ein paar Schritte aneinander vorüber sind, wendet Fortunio sich um.

Miranda!

Miranda bleibt stehen.Sie stehen jetzt weiter auseinander als früher. Sie sieht ihn fragend an.

Ich möchte dir etwas sagen, Miranda.

MIRANDA Ich höre.

FORTUNIO Höre mich an, Miranda. Ich weiß, du bist das hochmütigste Geschöpf unter der Sonne, und es ist schwer, dir einen Rat zu geben. Hör mich an: Wir würden uns alle sehr freuen, zu hören, daß du dein Leben änderst.

MIRANDA Wer das? Unsere Verwandten? Um die kümmere ich mich nicht. Du?

FORTUNIO Auch ich.

MIRANDA Du lügst ... verzeih, ich meine, du übertreibst. Wann hättest du dich um mein Leben bekümmert ... so wenig als ich mich um das deine! ... Und was ist es, das dir an meinem Leben mißfällt?

FORTUNIO Miranda, dein Leben sieht dem Leben einer büßenden Nonne ähnlicher als dem Leben einer großen Dame. Ich weiß, ich weiß, was du mir sagen willst, aber du hast nicht recht, bei Gott, du hast nicht recht, Miranda! Du machst dich schuldig, auf eine geheimnisvolle Weise schuldig.

MIRANDA Gegen wen?

FORTUNIO Es gibt Verschuldungen gegen das Leben, die der gemeine Sinn übersieht: aber sie rächen sich furchtbar.

MIRANDA Was hat das alles mit mir zu tun, Vetter?

FORTUNIO Sehr viel hat das mit dir zu tun, Miranda. Das Leben trägt ein ehernes Gesetz in sich, und jedes Ding hat seinen Preis: auf der Liebe stehen die Schmerzen der Liebe, auf dem Glück des Erreichens die unendlichen Müdigkeiten des Weges, auf der erhöhten Einsicht die geschwächte Kraft des Empfindens, auf der glühenden Empfindung die entsetzliche Verödung. Auf dem ganzen Dasein steht als Preis der Tod. – Dies alles aber unendlich feiner, unendlich wirklicher, als Worte sagen können. – Um das kann keiner herum; unaufhörlich zahlt jeder mit seinem Wesen, und so kann keiner Höheres, als ihm ziemt, um billigeren Preis erkaufen. Und das geht bis in den Tod: die marmornen Stirnen zerschlägt das Schicksal mit einer diamantenen Keule, die irdenen einzuschlagen nimmt es einen dürren Ast.

MIRANDA *lächelnd:* Du redest wie ein Buch, Fortunio.

FORTUNIO *einen Schritt näher zu ihr tretend:* Aber es gibt hochmütige, eigensinnige Seelen, die mehr für ein Ding bezahlen wollen, als das Leben verlangt. Die, wenn das Leben ihnen eine Wunde schlägt, schreien: ich will mir weh tun! und in die Wunde greifen und sie aufreißen wie einen blutenden Mund. Die in ihr Erlebtes sich verbeißen und verwühlen wie die Hunde in die Eingeweide des Hirsches. Und an diesen rächt sich das Dasein, so wie es sich immer rächt: Zahn um Zahn, Auge um Auge.

Miranda sieht ihn an.

Fortunio indem er ihre Hand ergreift und gleich wieder fallen läßt.

Du hast keine Kinder, Miranda. Irgendwo wachsen die Blumen, die danach beben, von diesen Händen gepflückt zu werden. Das Echo in deinen Gärten wartet auf deine Stimme wie ein leerer Becher auf den Wein. Irgendwo steht ein Haus, über dessen Schwelle du treten sollst wie das Glück.

MIRANDA Irgend auf einer Wiese laufen zwei Fohlen. Vielleicht wird eines davon einmal deinen Leichenwagen ziehn, eines den meinigen. Man kann denken, was man will.

FORTUNIO Du bist ein Kind, Miranda. Diese übermäßige Traurigkeit hängt an dir wie eine ungeheure Liane an einem kleinen Baum. Du bist schöner, als du je warst. *Alles dies spricht er weder feurig noch süß, sondern ruhig-eindringlich, wie vor einem schönen Bilde.*

Es ist etwas um dich wie ein Schatten, etwas, das ich nie an einer Frau bemerkt habe. Der Mann, dem du gehören wirst, der mit seinen Armen dich umschlingen wird statt dieses häßlichen schwarzen Gürtels, der wird etwas Traumhaftes besitzen, etwas wie den Schmuck aus einer rosenfarbenen und einer schwarzen Perle, den die Könige des Meeres tragen. Es werden Stunden kommen, wo ihn sein Glück beängstigen wird wie ein innerliches übermäßiges Schwellen.

MIRANDA Warum redest du so mit mir, Fortunio? Du meinst nichts von dem, was du redest. Es ist nichts an mir, es ist nichts um mich, als daß ich zwei Jahre geschwiegen habe. Welche Freude macht es dir, mich zu verwirren? Aber so bist du. Du warst immer so. Wenn ich fröhlich gewesen wäre, hättest du dein Vergnügen gefunden, mich traurig zu machen. Es gibt eine Art, sich um einen Menschen zu bekümmern, die viel verletzender ist als die völlige Nichtachtung, und das ist die deinige! Du redest über einen Menschen wie über einen Baum oder einen Hund. Du nennst mich hochmütig, und es gibt auf der ganzen Welt keinen hochmütigeren Menschen als dich. Du bist nicht gut, Fortunio. Leb wohl! *Sie hat Tränen in den Augen, wendet sich schnell und geht weg in den Hintergrund, wo sie verschwindet.*

FORTUNIO *allein:* Wie sehr geheimnisvoll, daß aus jenem verwöhnten eigensinnigen Kind diese Frau geworden ist. Und dieses ganze Abenteuer, es ist fast nichts, und doch verwirrt es mich. Man muß sich in acht nehmen, denn Fast-nichts, das ist der ganze Stoff des Daseins. Worte, gehobene Wimpern und gesenkte Wimpern, eine Begegnung am Kreuzweg, ein Gesicht, das einem andern ähnlich sieht, drei durcheinandergehende Erinnerungen, ein Duft von Sträuchern, den der Wind herüberträgt, ein Traum, den wir vergessen glaubten ... anderes gibt es nicht. Solch ein Schattenspiel ist unser Leben und Sterben. *Er kehrt auf seinen früheren Platz zurück, mit den Augen am Boden.*

Hier stand sie zuerst. Hier schien sie mir ganz anders: biegsam und kühl wie junge Weiden am Morgen. Hier aber flog etwas über sie hin, wofür ich keinen Namen weiß. Es war wie der Schatten des Lebens, ein Schatten, der durch verschlungene Äste hindurchgedrungen ist, beladen mit dem Schein von vielen reifen Früchten. Wer sie besäße, dem käme zu jeder Stunde eine andere entgegen.

Die Mulattin und eine andere Dienerin treten von rechts auf.

Was tu ich hier? Was such ich hier im Sand, sieben Schritte von meiner Frau Grab, die Spuren einer andern! *Zornig.* Wär ich vielleicht froh, wenn ich sie mit den meinen vermischt fände, wie auf der Tenne, wenn die Bauern tanzen! Vielleicht hier ... vielleicht da ... vielleicht auf meiner Frau Grab! *Er bemerkt die Dienerinnen, steht einen Augenblick verwirrt, geht rasch ab.*

MULATTIN *sieht ihm nach*

Ein hübscher junger Herr!

Die Weiße steht ein wenig weiter im Hintergrund.

Du, was machst du denn dort, du weinst ja!

Ja, sie weint, Catalina!

CATALINA Laß mich, Sancha.

MULATTIN

Ein Brief vom Dorf?

CATALINA Ich hab schon lange keinen.

MULATTIN

Was denn?

CATALINA Du lachst mich doch nur aus.

Ich weiß nicht, dort muß wo ein Strauch von Geißblatt ...

Riechst du den Duft?

MULATTIN

Das wars?

CATALINA Wir haben einen

Zu Haus, nicht einen, eine ganze Laube.

MULATTIN

Und dann?

CATALINA Sonst nichts, mir fiel nur alles ein:

Jetzt ist es Abend, und der Vater spannt
Die Rinder aus: das weiße geht voran
Zum Brunnen, und das rote geht ihm nach.
Der lahme Verrueco kommt, sein Nachtmahl
Stellt ihm die Mutter vor die Tür.

MULATTIN Das wars
Noch nicht, um was du weintest.

CATALINA
Von meinem Bruder reden sie, der jetzt
Soldat ist, auch von mir, und wie's mir geht.

MULATTIN
Das wars nicht, Catalina: bei der Laube
Von Geißblatt fiel dir ganz was andres ein,
Und um was andres weinst du jetzt, mein Kind.

CATALINA
Woher denn weißt du's?

MULATTIN Das ist nicht so schwer.

CATALINA
Nun ja, sie schrieben mir – – –
Sie weint heftig, aber still in sich.

MULATTIN
Er läuft 'ner andern nach! O große Sorgen!
Meinst du vielleicht, du findest keinen andern?
Wie ich so alt wie du war, war ich auch
Verliebt wie eine Katze. Jeden Monat
In einen andern, aber jedesmal
Die ersten sieben Tage so verliebt,
Daß ich zu weinen anfing, wenn ich wo
Hoch schreien hörte oder schrilles Pfeifen
Und Trommeln. Schön ists, so verliebt zu sein,
Und auch die dummen Stunden sind noch schön,
Wo man sich quält, dann aber bald wars aus!
Denn was hat Nacht mit Schlaf zu tun, was Jugend
Mit Treue?

CATALINA Sancha, das verstehst du nicht.

MULATTIN
Sehr gut versteh ichs, besser wie du selber.
Pause

CATALINA Ich seh die gnädige Frau.

MULATTIN Was tut sie denn?

CATALINA
Mich dünkt, sie betet. Nein, sie bückt sich nieder
Und rührt ein Grab mit beiden Händen an.
Nun steht sie auf und geht. Sie kommt hierher.

MIRANDA *tritt auf, verstört, in Gedanken verloren; sie geht ein paar Schritte sehr schnell, dann ganz langsam.*
Feucht war sein Grab und schrie mit stummem Mund
Und schreckt mich mehr als zehn Lebendige,
Die flüsterten und mit dem Finger wiesen
Nach mir. *Sie schaudert.*

CATALINA Darf ich nicht einen Mantel aus dem Wagen
Für Euer Gnaden holen? Es wird kühl,
Und alles ist voll Tau.

MIRANDA *wie in halbem Traum*
Voll Tau ist alles!
Und es wird kühl! Die Eintagsfliegen sterben,
Und morgen sind so viele neue da,
Als heute starben. Aufeinander folgen
Die Tage, sind sich aber gar nicht gleich.
Sie fühlt mit den Händen an der Hecke.
Der viele Tau! Die Finger triefen mir,
Hier an der Hecke liegt er, hier am Boden,
Auf allen Gräbern . . . überall . . . wo nicht?
Und die uralten Gräber macht er feucht
Und die von gestern . . . morgen aber kommt
Die Sonne, und vor ihr her läuft ein Wind
Und trocknet alles.
Sie weht mit dem Fächer gegen ihre linke Hand.
Trocken sind die Finger!
Welch eine Welt ist dies, wo böse Zeichen
So schnell zu bannen sind?
Ihr Ton verändert sich, etwas wie eine innere Trunkenheit kommt über sie.

Mir schwindelt so, als ob ich trunken wär!
Ist dies der eine Tropfen Möglichkeit,
Der eingeimpft in mein kraftloses Blut
Mirs so in Aufruhr bringt?
Wer bin ich denn, welch eine Welt ist dies,
In der so Kleines hat so viel Gewalt!
Kein Festes nirgends! Droben nur die Wolken,
Dazwischen, ewig wechselnd, weiche Buchten
Mit unruhvollen Sternen angefüllt . . .
Und hier die Erde, angefüllt mit Rauschen
Der Flüsse, die nichts hält: des Lebens Kronen
Wie Kugeln rollend, bis ein Mutiger drauf
Mit beiden Füßen springt; Gelegenheit,
Das große Wort; wir selber nur der Raum,
Drin Tausende von Träumen buntes Spiel
So treiben wie im Springbrunn Myriaden
Von immer neuen, immer fremden Tropfen;
All unsre Einheit nur ein bunter Schein,
Ich selbst mit meinem eignen Selbst von früher,
Von einer Stunde früher grad so nah,
Vielmehr so fern verwandt als mit dem Vogel,
Der dort hinflattert. *Sie schaudert*
Weh, in dieser Welt
Allein zu sein, ist übermaßen furchtbar.
Dies fühl ich, da ich meine Schwachheit nun
Erkenne: aber daß ich dieses fühle,
Ist meiner Schwachheit Wurzel. Unser Denken
Geht so im Kreis, und das macht uns sehr hilflos.

CATALINA *zurückkommend*
Eur Gnaden, es ist kalt, hier ist ein Mantel.

MIRANDA
Ein Mantel? Ja. Habt ihr nicht einen Herrn
Von hier fortgehen sehn? Wie sah er aus?

MULATTIN

Oh, wie ein Edelmann ...

MIRANDA Nicht das, ich meine ...

Ich ... *Sehr schnell*

Ob er fröhlich aussah oder traurig.

MULATTIN

Er ging schnell fort, wie einer, den sein Denken
Verwirrt und quält.

MIRANDA

Doch nicht sehr traurig.

MULATTIN Nein, vielmehr beschäftigt.

MIRANDA *unbewußt, fast laut*

So wird noch alles gut.

zu Catalina Du hast geweint? *Ihr Ton ist jetzt unendlich leicht und zart erregt, ein Plaudern und hie und da Lachen*

Du armes Kind, ist dirs zu öd und traurig
In meinem Haus, daß du vor Heimweh weinst?
Wir wollen doch von morgen an des Abends
In Garten wieder gehn, sie sollen uns
Die Blumen wieder in die Beete setzen:
Wir waren allzulange eingesperrt,
Drum sind wir schwach im Freien, so wie Kinder,
Die krank gewesen sind.
Nur schade ...

MULATTIN Was ist schade, gnädige Frau?

MIRANDA

Fast gar nichts, gute Sancha, Nur, daß Träume,
Vom Augenblick geboren, so durchs Leere
Hinstürmen können, Purpurfahnen schwingend,
Und daß die Wirklichkeit ... Sag, wars auch Heimweh,
Um das sie weinte? ... war es nicht ein Liebster?
Wie rot sie wird! Oh, sicher spricht er gut:
Nimm dich in acht vor Männern, die gut reden

Und denen wenig daran gelegen scheint,
Ob sie dich weinen machen oder lachen:
Dergleichen ist nur ein verstelltes Spiel,
Und wir sind dumm! Nein, laßt mich einmal laufen:
Glaubt mir, ich hab fast keinen Grund dazu,
Doch Lachen ist das lieblichste Geschenk
Der Götter: wie der Hauch des Himmels ists
Für einen, der in Purpurfinsternis
Begraben war und wieder aufwärts taucht.
Nun aber gehen wir, und laßt den Wagen
Aufschlagen, lau und schön ist ja dieNacht,
Mit vielen Sternen ... nein, mich dünkt, so viele
Hab ich noch nie gesehn, sie tauchen nieder,
Als wollten sie zu uns, ich möchte wissen ...
Sie geht, auf Catalina gelehnt, ab, den Kopf zurückgebogen und zu den Sternen aufschauend. Die letzten Worte verklingen schon. – Vorhang

DER EPILOG

Nun gehn sie hin ... was weiter noch geschieht,
Erratet Ihr wohl leicht, doch dieses Spiel
Will sich mit mehr an Inhalt nicht beladen,
Als was ein bunter Augenblick umschließt.
Nehmts für ein solches Ding, wie mans auf Fächern
Gemalt sieht, nicht für mehr ... allein bedenkt:
Unheil hat in sich selber viel Gewalt,
Das schwere Schicksal wirft die schweren Schatten,
Doch was Euch Glück erscheint, indes Ihrs lebt,
Ist solch ein buntes Nichts, vom Traum gewebt.

Der Kaiser und die Hexe

Der Kaiser Porphyrogenitus · Die Hexe · Tarquinius, ein Kämmerer · Ein Verurteilter · Ein armer Mensch · Ein uralter Blinder · Der oberste Kämmerer · Der Großfalkonier · Der Präfekt des Hauses und andere Hofleute · Ein Hauptmann · Soldaten

Eine Lichtung inmitten der kaiserlichen Jagdwälder. Links eine Quelle. Rechts dichter Wald, ein Abhang, eine Höhle, deren Eingang Schlingpflanzen verhängen. Im Hintergrund das goldene Gitter des Fasanengeheges, dahinter ein Durchschlag, der hügelan führt.

DER KAISER *tritt auf, einen grünen, goldgestickten Mantel um, den Jagdspieß in der Hand, den goldenen Reif im Haar*

Wohl, ich jage! ja, ich jage!
Dort der Eber, aufgewühlt
Schaukelt noch das Unterholz,
Hier der Speer! und hier der Jäger!
Er schaudert, läßt den Speer fallen.
Nein, ich bin das Wild, mich jagt es,
Hunde sind in meinem Rücken,
Ihre Zähne mir im Fleisch,
Mir im Hirn sind ihre Zähne.
Greift sich an den Kopf.
Hier ist einer, innen einer,
Unaufhörlich, eine Wunde,

Wund vom immer gleichen Bild
Ihrer offnen weißen Arme ...
Und daneben, hart daneben,
Das Gefühl von ihrem Lachen,
Nicht der Klang, nur das Gefühl
Wie ein lautlos warmes Rieseln ...
Blut? ... Mein Blut ist voll von ihr!
Alles: Hirn, Herz, Augen, Ohren!
In der Luft, an allen Bäumen
Klebt ihr Glanz, ich muß ihn atmen.
Ich will los! Die Ohren hab ich
Angefüllt mit Lärm der Hunde,
Meine Augen bohr ich fest
In das Wild, ich will nichts spüren
Als das Keuchen, als das Flüchten
Dieser Rehe, dieser Vögel,
Und ein totenhafter Schlaf
Soll mir nachts mit Blei versiegeln
Diese Welt ... doch innen, innen
Ist die Tür, die nichts verriegelt!
Keine Nacht mehr! Diese Nächte
Brechen, was die Tage schwuren.
Er rüttelt sich an der Brust.
Steh! es wird ja keine kommen,
Sieben sind hinab, vorbei ...
Sieben? Jetzt, nur jetzt nichts denken!
Alles schwindelnd, alles schwach,
Jagen und nur immer jagen,
Nur bis diese Sonne sank,
Diesen Taumel noch ertragen!
Trinken hier, doch nicht besinnen.

DIE HEXE *jung und schön, in einem durchsichtigen Gewand, mit offenem Haar, steht hinter ihm*
Nicht besinnen? nicht auf mich?

Nicht auf uns? nicht auf die Nächte?
Auf die Lippen nicht? die Arme?
Auf mein Lachen, auf mein Haar?
Nicht besinnen auf was war?
Und auf was, einmal verloren,
Keine Reue wiederbringt . . .?

DER KAISER

Heute, heute ist ein Ende!
Ich will dirs entgegenschrein:
Sieben Jahre war ich dein,
War ein Kind, als es begann,
End es nun, da ich ein Mann!
Wußtest du nie, daß ichs wußte,
Welches Mittel mir gegeben,
Abzureißen meinem Leben
Die Umklammrung deiner Arme
Sichrer als mit einem Messer?
Verwirrt
Sieh mich nicht so an . . . ich weiß nicht,
Du und ich . . . wie kommt das her?
Alles dreht sich, alles leer!
Sich ermannend
Wußtest du nie, daß ichs wußte?
Immerhin . . . ich will nicht denken,
Welch verschlungnen Weg dies ging,
Fürchterlich wie alles andre . . .
Ich steh hier! dies ist das Innre
Eines Labyrinths, gleichviel
Wo ich kam, ich weiß den Weg,
Der hinaus ins Freie! Freie! . . .
Er stockt einen Moment unter ihrem Blick, dann plötzlich sehr laut
Sieben Tage, wenn ich dich
Nicht berührt! Dies ist der letzte!

Diese Sonne dort im Wipfel,
Nur so wenig muß sie fallen,
Nur vom Wipfel bis zum Boden,
Und hinab in ihren Abgrund
Reißt sie dich, und ich bleib hier!
Sieben Tag und sieben Nächte
Hab ich deinen Leib nicht anders
Als im Traum berührt – der Traum
Und der Wahnsinn wacher Träume
Steht nicht in dem Pakt! – mit Händen
Und mit Lippen nicht den Leib,
Nicht die Spitzen deiner Haare
Hab ich angerührt in sieben
Tag . .. und Nächten . . . Traum ist nichts! . . .
Wenn die Sonne sinkt, zerfällst du:
Kröte! Asche! Diese Augen
Werden Schlamm, Staub wird dein Haar,
Und ich bleibe, der ich war.

DIE HEXE *sanft*
Ist mein Haar dir so verhaßt,
Hast doch in das End davon
Mit den Lippen einen Knoten
Dreingeknüpft, wenn wir dort lagen,
Mund auf Mund und Leib auf Leib,
Und ein Atemholen beide
Hob und senkte, und der Wind
Über uns im Dunkel wühlte
In den Bäumen.

DER KAIER Enden, enden
Will ich dieses Teufelsblendwerk!

DIE HEXE
Wenn du aufwachst in der Nacht
Und vor dir das große schwere
Dunkel ist, der tiefe Schacht,

Den kein Schrei durchläuft, aus dem
Keine Sehnsucht mich emporzieht,
Wenn du deine leeren Hände
Hinhältst, daß ich aus der Luft
Niederflieg an deine Brust,
Wenn du deine Hände bebend
Hinhältst, meine beiden Füße
Aufzufangen meine nackten
Füße, schimmernder und weicher
Als der Hermelin, und nichts
Schwingt sich aus der Luft hernieder,
Und die beiden Hände beben
Leer und frierend? Nicht die goldne
Weltenkugel deines Reiches
Kann sie füllen, nicht die Welt
Füllt den Raum, den meine beiden
Nackten Füße schimmernd füllten!

DER KAIER

Welch ein Ding ist diese Welt!
Sterne, Länder, Menschen, Bäume:
Ein Blutstropfen schwemmt es fort!

DIE HEXE

Jeden Vorhang hebst du auf,
Windest dich in den Gebüschen,
Streckst die Arme in die Luft,
Und ich komme nie mehr! Stunden
Schleppen hin! die Tage leer,
Leer die Nächte! und den Dingen
Ihre Flamme ausgerissen,
Jede Zeit und jeder Ort
Tot, das Glühen alles fort...

DER KAISER *die Hand vor den Augen*

Muß ich denn allein hier stehen!
Gottes Tod! ich bin der Kaiser,

Meine Kämmrer will ich haben,
Meine Wachen! Menschen, Menschen!

DIE HEXE

Brauchst die Wachen, dich zu schützen,
Armer Kaiser, vor dir selber?
Droh ich dir, rühr ich dich an?
Nein, ich gehe, und wer will,
Kommt mir nach und wird mich finden.
Armer Kaiser!
Sie biegt die Büsche auseinander und verschwindet.

DER KAISER Nicht dies Lachen!
Einmal hat sie so gelacht . . .
Was dann kam, ich wills nicht denken!
Hexe, Hexe, Teufelsbuhle,
Sehn! Ich will dich sehn, ich will nicht
Stehn wie damals vor dem Vorhang.
Gottes Tod, ich wills nicht denken!
Faune, ekelhafte Faune
Küssen sie! die weißen Hände
Toter, aus dem Grab gelockter
Heiden sind auf ihr, des Paris
Arme halten sie umwunden:
Ich ertrag es nicht, ich reiße
Sie hinweg!

TARQUINIUS *aus dem Hintergrunde rechts auftretend*
Mein hoher Herr!

DER KAISER

Was? und was? wer schickt dich her?

TARQUINIUS

Herr, es war, als ob du riefest
Nach den Kämmrern, dem Gefolge.

DER KAISER *nach einer langen Stille*

Rief ich und du hörtest, gut.

Er hört ins Gebüsch.
Hier ist alles still, nicht wahr?

TARQUINIUS
Herr, die Jagd zog dort hinunter,
Jenseits des Fasangeheges.

DER KAISER
Laß die Jagd! Du hörst hier nichts?
Nichts von Flüstern, nichts von Lachen?
Wie? *In Gedanken verloren, plötzlich*
Abblasen laß die Jagd!
Ich will meinen Hof um mich:
Meine Frau, die Kaiserin,
Soll hierher, mein Kind soll her,
Um mich her mein ganzer Hof,
Ringsum sollen Wachen stehen,
Und so will ich liegen, liegen,
Auf den Knien die heilige Fahne.
Zugedeckt, so will ich warten,
Bis die Sonne ... wohin gehst du?

TARQUINIUS
Herr, zu tun, was du befahlst,
Deinen Hof hierher zu rufen.

DER KAISER *halblaut*
Wenn sie kommt vor meinen Hof,
Sich zu mir hinschleicht und flüstert
Und die Scham hält mich, ich muß
Ihren Atem fühlen, dann
Wird es stärker sein als ich!
Bleib bei mir, es kommen andre.
Du bleib da. Ich will mit dir
Reden, bis die andern kommen.
Er geht auf und ab, bleibt schließlich dicht vor dem Kämmerer stehen.
Bist der jüngste von den Kämmrern?

TARQUINIUS *auf ein Knie gesunken*
Nicht zu jung, für dich zu sterben,
Wenn mein Blut dir dienen kann!

DER KAISER
Heißt?

TARQUINIUS
Tarquinius Morandin.

DER KAISER *streng*
Niemands Blut kann niemand dienen,
Es sei denn sein eignes.

TARQUINIUS Herr,
Zürn mir nicht, die Lippen brennen,
Einmal dirs herauszusagen.

DER KAISER Was?

Tarquinius steht verwirrt.

DER KAISER *gütig*
Nun was?

TARQUINIUS
Gnädiger Herr,
Daß ich fühle, wie du gut bist,
So mit Hoheit und mit Güte,
Wie ein Stern mit Licht beladen.

DER KAISER
Kämmerer, du bist ein Kind ...
Wenn du nicht ein Schmeichler bist!
Junge Menschen sind nicht gut,
Und ob älter auch wie du,
Bin ich jung. Nimm dich in acht;
Ich weiß nichts von dir, weiß nicht,
Wie du lebst, nur Seele seh ich,
Die sich so aus deinen Augen
Lehnt, wie aus dem Kerkerfenster
Ein Gefangner nach der Sonne;
Nimm du dich in acht, das Leben

Hat die rätselhafte Kraft,
Irgendwie von einem Punkt aus
Diesen ganzen Glanz der Jugend
Zu zerstören, blinden Rost
Auszustreun auf diesen Spiegel
Gottes ... wie das alles kommt?
Halb für sich
Anfangs ists in einem Punkt,
Doch dann schiebt sichs wie ein Schleier
Zwischen Herz und Aug und Welt,
Und das Dasein ist vergällt;
Bist du außen nicht wie innen,
Zwingst dich nicht, dir treu zu sein,
So kommt Gift in deine Sinnen,
Atmests aus und atmests ein,
Und von dem dir gleichen Leben
Bist du wie vom Grab umgeben,
Kannst den Klang der Wahrheit hören,
So wie Hornruf von weither,
Doch erwidern nimmermehr;
Was du sprichst, kann nur betören,
Was du siehst, ist Schattenspiel,
Magst dich stellen, wie du willst,
Findest an der Welt nicht viel,
Wandelst lebend als dein Grab,
Hexen deine Buhlerinnen ...
Kehr dich nicht an meine Reden,
Wohl! wenn du sie nicht verstehst.
Denk nur eins: ich will dir Gutes!
Nimms, als käm es dir von einem,
Den du sterbend wo am Wege
Liegen findest; nimms an dich,
Drücks an dich wie eine Lampe,
Wenn dich Finsternis umschlägt;

Merk dir: jeder Schritt im Leben
Ist ein tiefrer. Worte! Worte!
Merk dir nichts als dies, Tarquinius:
Wer nicht wahr ist, wirft sich weg!
... Doch vielleicht begreifst du dies
Erst, wenn es zu spät ist; merk
Dies allein: nicht eine einzige
Stunde kommt zweimal im Leben,
Nicht ein Wort, nicht eines Blickes
Ungreifbares Nichts ist je
Ungeschehn zu machen, was
Du getan hast, mußt du tragen,
So das Lächeln wie den Mord!
Nach einer kleinen Pause
Und wenn du ein Wesen liebhast,
Sag nie mehr, bei deiner Seele!
Als du spürst. Bei deiner Seele!
Tu nicht eines Halms Gewicht
Mit verstelltem Mund hinzu:
Dies ist solch ein Punkt, wo Rost
Ansetzt und dann weiterfrißt.
Dort am Durchschlag hör ich Stimmen:
Jäger sind es wohl, die kommen,
Aber hier ist alles still ...
Oder nicht? ... Nun geh nur, geh,
Tu, wie ich dir früher sagte.

TARQUINIUS

Hierher ruf ich das Gefolge.

DER KAISER

Ja! was noch?

TARQUINIUS Du hast befohlen. *Geht.*

DER KAISER

Irgendwo ist Klang der Wahrheit
Wie ein Hörnerruf von weitem,

Doch ich hab ihn nicht in mir;
Ja, im Mund wird mir zur Lüge,
Was noch wahr schien in Gedanken.
Schmach und Tod für meine Seele,
Daß sie in der Welt liegt wie ein
Basilisk, mit hundert Augen,
Die sich drehen, nach den Dingen
Äugend! daß ich Menschenschicksal
So gelassen ansehn kann
Wie das Steigen und Zerstäuben
Der Springbrunnen! daß ich meine
Eigne Stimme immer höre,
Fremd und deutlich wie das Schreien
Ferner Möwen! Tod! mein Blut
Ist verzaubert! Niemand, niemand
Kann mir helfen, und doch bin ich
Stark, mein Geist ist nicht gemein,
Neugeboren trug ich Purpur,
Diesen Reif, bevor die Schale
Meines Kopfes gehärtet war ...
Er reißt sich den Reif vom Kopf.
Und er schließt das Weltall ein:
Diese ganze Welt voll Hoheit
Und Verzweiflung, voll von Gräbern
Und von Äckern, Bergen, Meeren,
Alles schließt er ein ... was heißt das?
Was ist mir dies alles? welche
Kraft hab ich, die Welt zu tragen?
Bin ich mir nicht Last genug!
Er zerbricht den Reif, wirft die Stücke zu Boden und atmet wild.
Die Stimme der Hexe aus dem Gebüsch.
Der Kaiser horcht vorgebückt.

DIE STIMME

Komm, umschling mich mit den Armen,
Wie du mich so oft umschlungen!
Fühlst du nicht, wie meine Schläfen
Klopfen, fühlst du's mit den Lippen?

DER KAISER *sich zurückwerfend, mit emporgestreckten Armen*

Redet sie zu mir? zu einem
Andern? ich ertrag es nicht!
Hat sie alles noch mit andern,
Wie mit mir? Dies ist so furchtbar,
Daß es mich zum Wahnsinn treibt...
Alles ist ein Knäul, Umarmung
Und Verwesung einerlei,
Lallen von verliebten Lippen
Wie das Rascheln dürrer Blätter,
Alles könnte sein, auch nicht...

Die Arme sinken ihm herunter, seine Augen sind starr zu Boden gerichtet. Er rafft sich auf und schreit

Menschen, Menschen, ich will Menschen!

Die drei Soldaten mit dem Verurteilten treten von rückwärts auf. Der Kaiser läuft auf sie zu.

DER KAISER

Ihr seht aus wie Menschen. Hierher
Tretet! hier!

EIN SOLDAT Was will der Mensch?

ZWEITER

Still, das ist ein Herr vom Hof!
Tu, was er uns heißt.

DER KAISER

Diesen hier macht frei! die Ketten
Sind für mich! in mir ist einer,
Der will dort hinein, er darf nicht
Stärker werden! gebt die Ketten!

Allmählich beruhigter

Zwar mich dünkt, nun ist es still ...
Und die Sonne steht schon tief! ...
... Welch ein Mensch ist dies, wohin
Führt ihr ihn?

ERSTER Zu seinem Tod.

DER KAISER
Warum muß er sterben?

DER SOLDAT Herr,
Lydus ist es.

DER KAISER Lydus?

DER SOLDAT Herr,
Wenig weißt du, was im Land,
Was sich im Gebirg ereignet,
Wenn du nichts von diesem weißt.
Dieser ist der Fürchterliche,
Der ein ganzes Land verbrannte,
Feuer warf in dreizehn Städte,
Sich Statthalter Gottes nannte
Und der Ungerechten Geißel,
Selbst ein ungerecht Begehren
Wie ein Rad von Blut und Feuer
Durch das Land des Friedens wälzend.

DER KAISER
Doch die Richter?

DER VERURTEILTE *den Blick am Boden*
Einen Richter,
Der das Recht bog, wollt ich hängen,
So fing alles an.

DER KAISER
Der Kaiser?
Der doch Richter aller Richter?

DER SOLDAT
Herr, der Kaiser, der ist weit.
Eine kleine Stille

DER HAUPTMANN *kommt gelaufen*

Hier ist nicht der Weg. Wir müssen
Weg von hier. Des Kaisers Jagd
Kommt bald hier vorbei.
Erkennend Der Kaiser!
Kniet nieder, sogleich auch die drei Soldaten.

DER KAISER *zum Verurteilten*

Stehst du, Mensch? die andern knien.

DER VERURTEILTE *den Blick am Boden*

Diese Spiele sind vorüber;
Morgen knie ich vor dem Block.

DER KAISER

Mensch, bei Gott, wie fing dies an?
Wie der erste Schritt davon?

DER VERURTEILTE *hebt seinen Blick*

Mensch, bei Gott, mit einem Unrecht.

DER KAISER

Das du tatest?

DER VERURTEILTE *immer die Augen auf ihn geheftet*

Das ich litt!

DER KAISER

Und was weiter kam?

DER VERURTEILTE Geschick.

DER KAISER

Und die Toten?

DER VERURTEILTE Gut verstorben.

DER KAISER

Und was morgen kommt?

DER VERURTEILTE Das Ende,

Das höchst nötige gerechte
Ende.

DER KAISER

Doch gerecht?

DER VERURTEILTE *ruhig* Jetzt wohl.

Der Kaiser geht auf und ab. Endlich nimmt er seinen Mantel ab, hängt ihn dem Verurteilten um, winkt den Soldaten, aufzustehen.

Tarquinius zurückkommend, verneigt sich.

DER KAISER

Kämmrer, schließ dem Mann den Mantel
Und mach ihm die Hände frei!

Es geschieht.

Der Verurteilte blickt unverwandt, mit äußerster Aufmerksamkeit, beinahe mit Strenge den Kaiser an.

DER KAISER

Tarquinius zu sich, nach rechts vorne, heranwinkend
Die Galeeren nach Dalmatien,
Die Seeräuber jagen sollen,
Warten, weil ich keinen Führer
Noch genannt. Ich nenne diesen,
Diesen Lydus. Wer sich selber
Furchtbar treu war, der ist jenseits
Der gemeinen Anfechtungen.
Als ich in der Wiege lag,
Trug ich Purpur, um mich her
Stellten sie im Kreise Männer,
Und auf wen mit unbewußtem
Finger ich nach Kindesart
Lallend deutete, der war
Über Heere, über Flotten,
Über Länder zum Gebieter
Ausgewählt. Ein großes Sinnbild!
Auf mein ungeheures Amt
Will ich Kaiser mich besinnen:
Meine Kammer ist die Welt,
Und die Tausende der Tausend
Sind im Kreis um mich gestellt,
Ihre Ämter zu empfangen.

Ämter! darin liegt noch mehr!
Kämmrer, führ den Admiral!
Lydus heißt er, Lydus, merk.
Sonst ist nichts vonnöten, geh.
Sie gehen ab, noch im Weggehen heftet der Mann seinen ernsten, beinahe strengen Blick auf den Kaiser.
Doch ... wie eitel ist dies alles,
Und wie leicht, daran zu zweifeln,
Wie so leicht, es wegzuwerfen!
Dieses Hauchen lauer Luft
Saugt mir schon die Seele aus!
Kommt nicht irgend etwas näher?
Schwebt es nicht von oben her
Unbegreiflich sanft und stark?
Meinem Blut wird heiß und bang ...
Wie soll dies aus mir heraus?
Nur mit meinen Eingeweiden!
Denn ich bin darin verfangen
Wie der Fisch, der allzu gierig
Eine Angel tief verschlang.
Sklave! Hund! was steh ich hier?
Weiß, daß sie mich nehmen will,
Steh ihr selbst am Kreuzweg still!
Dies muß sein! Ich will mich selber
An den Haaren weiterschleppen
Bis zum Sinken dieser Sonne!
Jagen! Jagd ist alles! Schleichen
Auf den Zehen, mit dem Spieß
Eigne Kraft in eines fremden
Lebens Leib so wie der Blitz
Hineinschleudern ... Eine Taube!
Wie sie an den Zweigen hinstreift,
Trunken wie ein Abendfalter,
Kreise zieht um meinen Kopf!

Wo der Spieß? Doch hier der Dolch!
Hier und so!
Er wirft den Dolch nach der Taube. Die Hexe, angezogen wie ein Jägerbursch, taumelt hervor. Sie preßt die Hände auf die Brust und sinkt am Rand eines Gebüsches rechts nieder.

DIE HEXE O weh! getroffen!

DER KAISER
Trug und Taumel! wessen Stimme?
Vogel wars! Die Taube flog!
In der Nähe, aufschreiend
Was für Augen, welche Lippen!
Kriecht auf den Knien der Hingesunkenen näher.

DIE HEXE *sanft wie ein Kind*
Lieber, schlägst du mir mit Eisen
Rote Wunden, blutig rote
Neue Lippen? Dort wo deine
Lippen lagen oft und oft!
Weißt du alles das nicht mehr?
So ist alles aus? Leb wohl,
Aber deiner nächsten Freundin,
Wenn ich tot bin, sei getreuer,
Und bevor du gehst und mich
Hier am Boden sterben lässest
Deck mir noch mit meinen Haaren
Meine Augen zu, mir schwindelt!
Der Kaiser hebt die Hände, sie zu berühren. In diesem Augenblick überschüttet die dem Untergang nahe Sonne den ganzen Waldrand mit Licht und den rötlichen Schatten der Bäume. Der Kaiser schaudert zurück, richtet sich auf, geht langsam, die Augen auf ihr, von ihr weg; sie liegt wie tot.

DER KAISER
Tot! was ist für diese Wesen

Tot? die Sonne ist nicht unten,
Dunkel flammt sie, scheint zu drohen.
Soll ich sie hier liegen sehen?
Sollen Ameisen und Spinnen
Über ihr Gesicht hinlaufen
Und ich sie nicht anrührn? ich,
Der mit zehnmal so viel Küssen
Ihren Leib bedeckt hab, als
Das Gewebe ihres Kleides
Fäden zählt, wie? soll ich sie
Liegen lassen, daß mein Hof,
Meine Diener ihr Gesicht
Mir betasten mit den Blicken?
Ich ertrüg es nicht, ich würfe
Mich auf sie, sie zuzudecken!
Dort! ein Mensch, der Stämme schleppt,
Abgeschälte schwere Stämme.
Hier ist eine schönre Last.
Er tritt in eine Lichtung und winkt.
Du, komm her! komm hierher! hier!
Zwar, womit den Menschen lohnen?
Auf den Gold- und Silberstücken
Ist mein Bild, doch hab ich keines!
Doch, der Reif, den ich zerbrach:
Wenn die Krone auch zerschlagen
Da und dort am Boden rollt.
Ist sie doch noch immer Gold.
Er bückt sich und hebt ein paar Stücke auf. Er betrachtet die Stücke, die er in der Hand hält.
Wohl, solange du geformt warst,
Warst du viel. Dein bloßes Blinken
Konnte ungeheure Heere
Lenken wie mit Zauberwinken.
Krone, brauchtest nur zu leuchten,

Nur zu funkeln, nur zu drohn ...
Kaum die Dienste eines Knechtes
Zahlt dein Stoff, der Form entflohn.
Eine kleine Stille
Mitten drunter kann ich denken,
Ruhig denken, sonderbar.

DER ARME MENSCH *in Lumpen, ein junges, entschlossenes Gesicht und eine unscheinbare, gebückte Haltung*
Herr, was riefst du, daß ich tun soll?

DER KAISER *steht vor der Leiche abgewandt*
Diesen Toten ...

DER MENSCH Herr, ein Weib!

DER KAISER
Frag nicht, schaff sie fort!

DER MENSCH Wohin?
Fort? Wohin?

DER KAISER Gleichviel! ins Dickicht.
Wo sie keiner sieht, wo ich
Sie nicht sehe! später dann ...
Hier ist Gold für deine Arbeit.

DER MENSCH *steht starr*
Dies? dafür? für nichts als das?

DER KAISER
Nicht genug? komm später wieder.

DER MENSCH
Nicht genug? es wär genug.
Mir mein Leben abzukaufen.
Herr, wer bist du? um dies Gold
Stoß ich dir am hellen Tag,
Wen du willst von deinen Feinden,
Während er bei Tisch sitzt, nieder ...
Um dies Gold verkauft dir meine
Schwester ihre beiden Töchter!
Er richtet sich groß auf, mit ausgestreckten Armen.

DER KAISER

Später dann, wenns dunkel ist,
Kommst du wieder und begräbst sie,
Gräbst im Dunkeln ihr ein Grab,
Aber so, daß auch kein Wiesel
Davon weiß und je es aufspürt;
Hüte dich!

DER MENSCH

Ich will es graben,
Daß ich selber morgen früh
Nicht den Ort zu sagen wüßte:
Denn mit diesem Leib zugleich
Werf ich in die dunkle Grube
Meinen Vater, meine Mutter,
Meine Jugend, ganz beschmutzt
Mit Geruch von Bettelsuppen,
Mit Fußtritten feiger Lumpen!

DER KAISER

Geh nun, geh! Doch hüte dich,
Daß du sie nicht anrührst, nicht
Mehr als nötig, sie zu tragen.
Ich erführ es, sei versichert,
Ich erführs, und hinter dir
Schickte ich dann zwei, die grüben
Schneller dir ein Grab im Sand,
Schneller noch und heimlicher,
Als du diese wirst begraben.
Er winkt ihm, Hand anzulegen, setzt sich selbst auf einen Baumstrunk und schlägt die Hände vors Gesicht.
Der Mensch schleppt den regungslosen Leib ins Gebüsch.
Lange Stille.
Der Kaiser aufstehend, umherschauend
Ist sie fort, für immer fort? . . .
Und die Sonne doch noch da? . . .

Zwar nicht Tag, nicht schöner Tag,
Vielmehr Nacht mit einer Sonne.
Und ich tat es wirklich, tat es?
Unsre Taten sind die Kinder
Eines Rauchs, aus rotem Rauch
Springen sie hervor, ein Taumel
Knüpft, ein Taumel löst die Knoten.
Meine Seele hat nicht Kraft,
Sich zu freun an dieser Tat!
Diese Tat hat keinen Abgrund
Zwischen mich und sie getan,
Ihren Atem aus der Luft
Mir nicht weggenommen, nicht
Ihre Kraft aus meinem Blut!
Wenn ich sie nicht noch einmal
Sehen kann, werd ich nie glauben,
Daß ich mich mit eignem Willen
Von ihr losriß; dies noch einmal
Sehen! dies, was eine Hand
Zudeckt, dieses kleine Stück
Ihres Nackens, wo zur Schulter
Hin das Leben sich so trotzig
Und so weich, so unbegreiflich
Drängt, nur dieses eine sehen!
Sehen und freiwillig nicht –
Nicht! – berühren ... Aber wo?
Fort! er trug sie ... ich befahl,
Schuf mir selber diese Qual.
Aber dort die grünen Ranken
Seh ich, spür ich nicht? sie beben!
Frag ich viel, obs möglich ist!
Spür ich nicht dahinter Leben?
Er reißt die Ranken weg, die den Eingang der Höhle verhängen.

Ein uralter Blinder tritt ängstlich hervor, weit mit einem dürren Stecken vor sich hintastend. Sein ganzes Gewand ist ein altes linnenes Hemd.
Der Kaiser hinter sich tretend
Wie, hier auch ein Mensch! Dies feuchte
Loch noch immer Raum genug
Für ein Leben? Ists damit,
Daß ich sehen soll, welch ein Ding
Herrschen ist, daß mir der Wald
Und die Straße, ja das Innre
Eines Berges nichts wie Menschen
Heut entgegenspein? Heißt dies,
Kaiser sein: nicht atmen können,
Ohne mit der Luft ein Schicksal
Einzuschlucken?

DER GREIS
War es Sturm, der meine Türe
Aufriß? Weh, es ist nicht Nacht!
Nicht das kleine Licht der Sterne
Rieselt auf die Hände nieder ...
Schwere Sonne! schwacher Wind!

DER KAISER *für sich*
Diese Stirn, die riesenhaften,
Ohnmächtigen Glieder, innen
Ist mir, alles dieses hab ich
Schon einmal gesehen! wann?
Kindertage! Kindertage!
Hier ist irgendein Geheimnis,
Und ich bin darein verknüpft,
Fürchterlich verknüpft ...

DER GREIS
Dort! es steht! es atmet jung! *Pause*
Wie ein junges Tier! *Pause*
Ein Mensch!

Er zittert.

Hab Erbarmen! ich bin blind!
Laß mich leben! leben! leben!

DER KAISER

Alter Mann, ich tu dir nichts.
Sag mir deinen Namen.

DER GREIS

Laß mich leben, hab Erbarmen!

DER KAISER

Fühl, ich habe leere Hände!
Sag mir, wer du bist.

Lange Pause

DER GREIS *seine Hände anfühlend*

Ring!

DER KAISER

Den Namen, sag den Namen!

DER GREIS

Was für Stein?

DER KAISER Ein grüner.

DER GREIS Grüner?

Großer grüner?

DER KAISER Deinen Namen!

Er faßt ihn an, der Greis schweigt. Im Hintergrunde sammelt sich der Hof. Sie geben ihre Spieße an die Jäger ab. Links rückwärts wird ein purpurnes Zelt aufgeschlagen. Unter den anderen steht der Verurteilte, er trägt ein rotseidenes Gewand, darüber den Mantel des Kaisers, in der herabhängenden Hand einen kurzen Stab aus Silber und Gold.

TARQUINIUS *kniend*

Herr! die allergnädigste
Kaiserin läßt durch mich melden,
Daß sie sich zurückgezogen,
Weil die Zeit gekommen war

Für das Bad der kaiserlichen
Kinder.

DER KAISER *ohne aufzumerken, betrachtet den Greis, wirft dann einen flüchtigen Blick auf seinen Hof, alle beugen ein Knie*
Decken!
Man bringt purpurne Decken und Felle und legt sie in die Mitte der Bühne. Der Kaiser führt den Blinden hin und läßt ihn setzen. Er sitzt wie ein Kind, die Füße gerade vor sich. Die weichen Decken scheinen ihn zu freuen. Der Kaiser von ihm wegtretend
Großfalkonier! ich habe diesen Menschen
Im kaiserlichen Forst gefunden. Wer
Ist das? Kannst du mir sagen, wer das ist?
Tiefe Stille
Großkämmerer, wer ist der Mann? mich dünkt,
Ich sehe ihn heute nicht zum erstenmal.
Stille
Präfekt des Hauses, wer ist dieser Mensch?
Stille
Großkanzler, wer?
Stille
Großdragoman, wer ist das?
Stille
Die Kapitäne meiner Wachen! wer?
Stille
Du, Tarquinius, bist zu jung,
Um mich anzulügen, hilf mir!

TARQUINIUS *um den Blinden beschäftigt*
Herr, er trägt ein Band von Eisen
Um den Hals geschmiedet, einen
Schweren Ring mit einer Inschrift.
Der Kaiser winkt ihm zu lesen. Tiefe Stille. Tarquinius liest

Ich, Johannes der Pannonier,
War durch dreiunddreißig Tage
Kaiser in Byzanz.
Pause. Tiefe Stille
Geblendet
Bin ich nun und ausgestoßen
Als ein Fraß der wilden Tiere
Auf Befehl ...

DER KAISER *sehr laut*
Lies weiter, Kämmrer!

TARQUINIUS liest weiter
Auf Befehl des höchst heiligen, höchst
Weisen, des unbesiegbarsten, erlauchtesten
Kindes ... *Stockt.*

DER KAISER *sehr laut*
Kindes ... lies!

TARQUINIUS Dein Name, Herr!
Lange Stille

DER KAISER *mit starker Stimme*
Großkämmerer! wie alt war ich, der Kaiser
Als dies geschah?

DER GROSSKÄMMERER *kniend*
Drei Jahre, hoher Herr.
Lange Stille

DER KAISER *mit halber Stimme, nur zu Tarquinius*
Kämmrer, schau, dies war ein Kaiser!
Zu bedeuten, das ist alles!
Nach einem langenNachdenken
Ja, den Platz, auf dem ich stehe,
Gab mir ungeheurer Raub,
Und mit Schicksal angefüllt
Ist die Ferne und die Nähe.
Von viel buntern Abenteuern,
Als ein Märchen, starrt die Welt,

Und sie ist der große Mantel,
Der von meinen Schultern fällt.
Überall ist Schicksal, alles
Fügt sich funkelnd ineinander
Und unlöslich wie die Maschen
Meines goldnen Panzerhemdes.
Denn zuunterst sind die Fischer
Und Holzfäller, die in Wäldern
Und am Rand des dunklen Meeres
Atmen und ihr armes Leben
Für die Hand voll Gold dem ersten,
Der des Weges kommt, verkaufen.
Und dann sind die vielen Städte ...
Und in ihnen viele Dinge:
Herrschaft, Weisheit, Haß und Lust,
Eins ums andere feil, zuweilen
Eines mit dem andern seine
Larve tauschend und mit trunknen
Augen aus dem ganz verkehrten
Antlitz schauend. Und darüber
Sind die Könige, zuoberst
Ich: von dieser höchsten Frucht
Fällt ein Licht zurück auf alles
Und erleuchtet jede tiefre
Stufe; jede: auf den Mörder
Fällt ein Strahl, Taglöhner, Sklaven
Und die Ritter und die Großen,
Mir ist alles nah; ich muß das
Licht in mir tragen für den,
Der geblendet ward um meinet-
Willen, denn ich bin der Kaiser.
Wunderbarer ist mein Leben,
Ungeheurer aufgetürmt
Als die ungeheuren Dinge,

Pyramiden, Mausoleen,
So die Könige vor mir
Aufgerichtet. Ich vermag
Auf den Schicksalen der Menschen
So zu thronen, wie sie saßen
Auf getürmten toten Steinen.
Und so ungeheure Kunde,
Wer ich bin und was ich soll,
Brachte diese eine Stunde,
Denn ihr Mund war übervoll
Von Gestalten ...

Der Greis wendet sich mit heftiger Unruhe und einem leisen Wimmern nach dem Hintergrunde.

TARQUINIUS

Herr, es ist, er riecht die Speisen,
Die sie hinterm Zelt bereiten,
Und ihn hungert.

DER KAISER Bringt zu essen.

Es kommen drei Diener mit goldenen Schüsseln. Den ersten und zweiten beachtet der Greis nicht, nach der Richtung, wo der dritte steht, begehrt er heftig. Tarquinius nimmt dem dritten die Schüssel aus der Hand, kniet vor dem Greis hin und reicht ihm die Schüssel.

TARQUINIUS *bei dem Greis kniend*

Er will nur von dieser Speise:
Süßes ist es.

Tarquinius will ihm die Schüssel wieder wegnehmen, der Greis weint. Er stellt die Schüssel hin.

DER GREIS *winkt mit der Hand, alle sollen wegtreten, versichert sich, daß er die Schüssel hat, richtet sich groß auf, streckt die Hand, an der des Kaisers Ring steckt, gebieterisch aus – der Arm zittert heftig – und ruft schwach vor sich hin*

Ich bin der Kaiser!

Sogleich setzt er sich wieder hin wie ein Kind, ißt die Schüssel leer.

DER KAISER *rührt ihn sanft an*

Du, du hast aus meiner Schüssel
Jetzt gegessen; komm, ich geb dir
Jetzt mein Bett, darin zu schlafen.

Der Greis nickt, der Kaiser stützt und führt ihn in das Zelt. Der Hof zieht sich nach links rückwärts zurück. Man sieht sie zwischen den Bäumen lagern und essen. Rechts rückwärts geht eine Wache auf und ab. Die Sonne steht nun in dem Walddurchschlag, dem Rande des Hügels sehr nahe.

Der Kaiser aus dem Zelt zurückkommend, neben ihm Tarquinius

Immer noch dieselbe Sonne!
Geht mirs doch wie jenem Hirten,
Der, den Kopf im Wasserschaff,
Meinte, Welten zu durchfliegen.

Er setzt sich links vorne auf einen Stumpf.

Ich bin heiterer, mein Lieber,
Als ich sagen kann ... gleichviel,
Denk nicht nach! ... Es ist der neue
Admiral, der mich so freut.
Sieh, ein Schicksal zu erfinden,
Ist wohl schön, doch Schicksal sein,
Das ist mehr; aus Wirklichkeit
Träume baun, gerechte Träume,
Und mit ihnen diese Hügel
Und die vielen weiten Länder
Bis hinab ans Meer bevölkern
Und sie vor sich weiden sehn,
Wie der Hirt die stillen Rinder ...

Eine kleine Pause

Grauenhaftes, das vergangen,

Gibt der Gegenwart ein eignes
Leben, eine fremde Schönheit,
Und erhöht den Glanz der Dinge
Wie durch eingeschluckte Schatten.

TARQUINIUS

Die Kaiserin! *Er springt zurück*

Von hinten her ist mit leisen Schritten die Hexe herangetreten. Sie trägt das Gewand der Kaiserin, in dessen untersten Saum große Saphire eingewebt sind. Über das Gesicht fällt ein dichter goldner Schleier. In der Hand trägt sie eine langstielige goldne Lilie.

DER KAISER *ohne aufzustehen*

So kommst du
Doch! Man hat mir was gemeldet ...
Doch du kommst, so sind die Kinder
Wohl gebadet, Helena.
Laß uns von den Kindern reden!
Zwar du redest von nichts anderm ...
In der Kammer, wo sie schlafen,
Wohnt die Sonne, Regenbogen,
Mond, die schönen klaren Sterne,
Alles hast du in der Kammer,
Nicht? Mich dünkt, du lächelst nicht!
Lächelst doch so leicht: zuweilen
Bin ich blaß vor Zorn geworden,
Wenn ich sah, wie leicht dir dieses
Lächeln kommt, wenn ich bedachte,
Daß ein Diener, der dir Blumen
Bringt, den gleichen Lohn davon hat
Wie ich selber ... es war unrecht!
Heut begreif ichs. Über alle
Worte klar begreif ichs heute:
Welch ein Kind du bist, wie völlig
Aus dir selbst dies Kinderlächeln

Quillt. Ich bin so froh, zu denken,
Daß . . . ich mein, daß du es bist,
Die mir Kinder auf die Welt bringt.
Meine Kinder, Helena . . .
Wie von einer kleinen Quelle
Hergespült, wie aufgelesen
Von den jungen grünen Wiesen,
Die Geschwister ahnungsloser,
Aus dem Nest gefallner kleiner
Vögel sind sie, Helena,
Weil es deine Kinder sind!
Keine Antwort? und den Schleier
Auch nicht weg? Wir sind allein!
Die Hexe schlägt den Schleier zurück.
Der Kaiser aufspringend
Hexe du und Teufelsbuhle,
Stehst du immer wieder auf?

DIE HEXE *indem sie sich halb wendet, wie ihn fortzuführen*
Komm, Byzanz! Wir wollen diese
Schäferspiele nun vergessen!
Miteinander wieder liegen
In dem goldnen Palankin,
Dessen Stangen deine Ahnherrn,
Julius Cäsar und die andern
Tragen.
Der Kaiser lacht.
Die Hexe mit ausgebreiteten Armen
Ich kann nicht leben
Ohne dich!

DER KAISER Geh fort von mir!

DIE HEXE
Sieben Jahre!

DER KAISER Trug und Taumel!
Sieben Tage brachen alles!

DIE HEXE Hör mich an!

DER KAISER Vorbei! vorbei!

DIE HEXE

Keine Stunde! Deine Lippen
Beben noch.

DER KAISER Gott hats gewendet!
Jeden Schritt von deinen Schritten
Gegen dich! Aus allen Klüften,
Von der Straße, aus den Wäldern,
Von dem Boden, aus den Lüften
Sprangen Engel, mich zu retten!
Wo ich hingriff, dich zu spüren,
Taten sich ins wahre Leben
Auf geheimnisvolle Türen,
Mich mir selbst zurückzugeben.

DIE HEXE *schleudert ihre goldene Lilie zu Boden, die sogleich zu Qualm und Moder zerfällt*
Hingest doch durch sieben Jahr
Festgebannt an diesen Augen
Und verstrickt in dieses Haar!
Völlig mich in dich zu saugen
Und in mir die ganze Welt;
Hexe denn! und Teufel du,
Komm! uns ziemt das gleiche Bette!

DER KAISER

Willst du drohen? sieh, ich stehe!
Sieh, ich schaue! sieh, ich lache!
Diese Flammen brennen nicht!
Aber grenzenlose Schwere
Lagert sich in dein Gesicht,
Deine Wangen sinken nieder,
Und die wundervollen Glieder
Werden Runzeln, werden Grauen
Und Entsetzen anzuschauen.

DIE HEXE *zusammensinkend, wie von unsichtbaren Fäusten gepackt*

Sonne! Sonne! ich ersticke!

Sie schleppt sich ins Gebüsch, schreit gellend auf und rollt im Dunkel am Boden hin. Die Sonne ist fort. Der Kaiser steht, die Augen starr auf dem Gebüsch. Eine undeutliche Gestalt, wie ein altes Weib, humpelt im Dickicht nach rückwärts.

DER KAISER

Gottes Tod! dies halten! haltet!
Wachen! Kämmrer! dort! dort! dort!

TARQUINIUS *kommt gelaufen*

Hoher Herr!

DER KAISER Die Wachen, dort!

Sollen halten!

Lange Pause

TARQUINIUS *kommt wieder*

Herr, die Wachen
Schworen: niemand ging vorüber
Als ein runzlig altes Weib,
Eine wohl, die Beeren sammelt
Oder dürres Holz.

DER KAISER *ihn anfassend, mit einem ungeheuren Blick*

Tarquinius!

Zieht ihn an sich, überlegt, schweigt eine Weile, winkt ihm wegzutreten, kniet nieder.

Herr, der unberührten Seelen
Schönes Erbe ist ein Leben,
Eines auch ist den Verirrten,
Denen eines, Herr, gegeben,
Die dem Teufel sich entwanden
Und den Weg nach Hause fanden.

Während seines Gebetes ist der Vorhang langsam gefallen.

Das kleine Welttheater

ODER DIE GLÜCKLICHEN

Die Bühne stellt den Längsschnitt einer Brücke dar, einer gewölbten Brücke, so daß die Mitte höher liegt als links und rechts. Den Hintergrund bildet das steinerne Geländer der Brücke, dahinter der Abendhimmel und in größerer Ferne die Wipfel einiger Bäume, die Uferlandschaft andeutend.
Der Gärtner trägt ein Gewand von weißem Linnen, eine blaue Schürze, bloße Arme, Schuhe von Stroh;
Der junge Herr einen dunkelgrünen Jagdanzug mit hohen gelben Stulpstiefeln;
Das junge Mädchen ein halblanges Mullkleid, mit bloßen Armen, einen Strohhut in der Hand;
Der Dichter einen dunklen Mantel. Alle im Geschmack der zwanziger Jahre des vorigen Jahrhunderts.

DER DICHTER

Ich blieb im Bade, bis der Widerschein
Des offnen Fensters zwischen meinen Fingern
Mir zeigte, daß der Glanz der tiefen Sonne
Von seitwärts in die goldnen Bäume fällt
Und lange Schatten auf den Feldern liegen.
Nun schreit ich auf und ab den schmalen Pfad,
Von weitem einem Vogelsteller gleichend,
Vielmehr dem Wächter, der auf hoher Klippe
Von ungeheuren Schwärmen großer Fische
Den ungewissen Schatten sucht im Meer:
Denn über Hügel, über Auen hin

Späh ich nach ungewissen Schatten aus:
Dort, wo ein abgebrochnes Mauerstück
Vom Park die Buchen dämmernd sehen läßt,
Dort hebt sichs an! Kehr ich die Schultern hin
Und wende mich, den hellen Fluß zu sehen:
Ich weiß drum doch, es regt sich hinter mir.
Mit leichten Armen teilen sie das Laub:
Gestalten! und sie unterreden sich.
O wüßt ich nur, wovon! ein Schicksal ists,
Und irgendwie bin ich dareinverwebt.
Mich dünkt, sie bücken sich, mich dünkt, die Riemen
Die Schuhe flechten sie für langen Weg . . .
Mir schlägt das Herz bei ihrem Vorbereiten:
Seh ich nun aber jenseits an den Hängen
Nicht Pilger mühsam wie Verzauberte
Hinklimmen und mit jeder Hecke ringen?
Und mit geheimnisvoll Ermüdeten
Ist jener Kreuzweg, sind die kleinen Wege
Durch die Weingärten angefüllt: sie lagern
Und bergen in den Händen ihr Gesicht . . .
Doch an den Uferwiesen, doch im Wasser!
Von Leibern gleicher Farbe wie das Erz
Sind funkelnd alle Wellen aufgewühlt;
Sie freuen sich im Bad, am Ufer liegen
Die schweren Panzer, die sie abgeworfen,
Und andre führen jetzt die nackten Pferde,
Die hoch sich bäumen, in die tiefe Welle.
Warum bewegen sich so fürchterlich
Die Weidenbüsche? andre Arme greifen
Daraus hervor, mit jenen nackten Schultern
Seh ich gemischt Gepanzerte, sie kämpfen,
Von Badenden mit Kämpfenden vermengt
Schwankt das Gebüsch: wie schön ist diese Schlacht!
Er wendet sich

Den Fluß hinab! da liegt der stille Abend.
Kaum ein verworrenes Getöse schwimmt
Herab mit Blut und golddurchwirkten Decken.
Nun auch ein Kopf: am Ufer hebt sich einer
Und mißt mit einem ungeheuren Blick
Den Fluß zurück ... Warum ergreifts mich so,
Den einen hier zu sehn? ... Nun läßt er sich
Aufs neue gleiten, kein Verwundeter!
So selig ist er wie ein wilder Faun,
Und mit den Augen auf dem Wasser schwimmt
Er hin und fängt mit trunknen Blicken auf
Die feuchten Schatten, durcheinanderkreisend,
Der hohen Wolken und des stillen Goldes,
Das zwischen Kieseln liegt im Grund. Den Schwimmer
Trifft nur der Schatten riesenhafter Eichen,
Von einer Felsenplatte überhängend:
Er kann nicht sehn die Schöngekleideten,
Die dort versammelt sind ... um was zu tun?
Sie knien nieder ... einen zu verehren?
Vielmehr sie graben, alle bücken sich:
Ist eine Krone dort? ist dort die Spur
Von einem Mord verborgen? Doch der Schwimmer,
Die Augen auf die Wellen, gleitet fort.
Will er hinab, bis wo die letzten Meere
Wie stille leere Spiegel stehen? wird er,
Sich mit der Linken an die nackte Wurzel
Des letzten Baumes haltend, dort hinaus
Mit unbeschreiblichem Erstaunen blicken?
Ich will nicht ihn allein, die andern will ich,
Die auf den Hügeln wiedersehn, und schaudernd
Im letzten Lichte spür ich hinter mir
Schon wieder neue aus den Büschen treten.
Da bebt der Tag hinab, das Licht ist fort,
Wie angeschlagne Saiten beb ich selber.

Die Bühne wird dunkler.

Nun setz ich mich am Rand des Waldes hin,
Wo kleine Weiher lange noch den Glanz
Des Tages halten und mit feuchtem Funkeln
Die offnen Augen dieser Landschaft scheinen:
Wenn ich auf die hinsehe, wird es mir
Gelingen, das zu fertigen, wofür
Der Waldgott gern die neue Laute gäbe
Aus meiner Schildkrot, überspannt mit Sehnen:
Ich meine jenes künstliche Gebild
Aus Worten, die von Licht und Wasser triefen,
Worein ich irgendwie den Widerschein
Von jenen Abenteuern so verwebe,
Daß dann die Knaben in den dumpfen Städten,
Wenn sie es hören, schwere Blicke tauschen
Und unter des geahnten Schicksals Bürde,
Wie überladne Reben schwankend, flüstern:
›O wüßt ich mehr von diesen Abenteuern,
Denn irgendwie bin ich dareinverwebt
Und weiß nicht, wo sich Traum und Leben spalten.‹

Der Dichter geht ab, der Gärtner tritt auf. Er ist ein Greis mit schönen, durchdringenden Augen. Er trägt eine Gießkanne und einen kleinen Korb aus Bast.

GÄRTNER

Ich trug den Stirnreif und Gewalt der Welt
Und hatte hundert der erlauchten Namen,
Nun ist ein Korb von Bast mein Eigentum,
Ein Winzermesser und die Blumensamen.

Wenn ich aus meinem goldnen Haus ersah
Das Blumengießen abends und am Morgen,
Sog ich den Duft von Erd und Wasser ein
Und sprach: Hierin liegt großer Trost verborgen.

Nun gieß ich selber Wasser in den Mund
Der Blumen, seh es in den Grund gesogen
Und bin vom Schatten und gedämpften Licht
Der ruhelosen Blätter überflogen,

Wie früher von dem Ruhm und Glanz der Welt.
Der Boten Kommen, meiner Flotte Rauschen,
Die goldnen Wächter, Feinde, die erblaßten:
Befreiung wars, dies alles umzutauschen

Für diese Beete, dieses reife Lasten
Der Früchte, halbverborgen an Spalieren,
Und schwere Rosen, drin die goldig braunen
Von Duft betäubten Bienen sich verlieren.

Noch weiß ich eines: Hier und Dort sind gleich
So völlig, wie zwei Pfirsichblüten sind,
In einem tiefen Sinn einander gleich:
Denn manches Mal, wenn mir der schwache Wind

Den Duft von vielen Sträuchern untermengt
Herüberträgt, so hab ich einen Hauch
Von meinem ganzen frühern Leben dran,
Und noch ein Größres widerfährt mir auch:

Daß an den Blumen ich erkennen kann
Die wahren Wege aller Kreatur,
Von Schwach und Stark, von Üppig oder Kühn
Die wahre Art, wovon ich früher nur

In einem trüben Spiegel Spuren fand,
Wenn ich umwölkt von Leben um mich blickte:
Denn alle Mienen spiegelten wie Wasser
Nur dies: ob meine zürnte oder nickte.

Nun aber webt vor meinen Füßen sich
Mit vielen Köpfen, drin der Frühwind wühlt,
Dies bunte Leben hin: den reinen Drang
Des Lebens hab ich hier, nur so gekühlt,

Wie grüne Kelche sich vom Boden heben,
So rein und frisch, wie nicht in jungen Knaben
Zum Ton von Flöten fromm der Atem geht.
So wundervoll verwoben sind die Gaben

Des Lebens hier: mir winkt aus jedem Beet
Mehr als ein Mund wie Wunden oder Flammen
Mit schattenhaft durchsichtiger Gebärde,
Und Kindlichkeit und Majestät mitsammen.
Er tritt ab, der junge Herr tritt auf, langsam sein Pferd am Zügel führend.

DER JUNGE HERR
Ich ritt schon aus, bevor der Tau getrocknet war.
Die andern wollten mich daheim zu ihrem Spiel,
Mich aber freut es so, für mich allein zu sein.
Am frühen Tage bin ich schon nicht weit von hier
Dem Greis begegnet, der mir viel zu denken gibt:
Ein sonderbarer Bettler, dessen stummer Gruß
So war, wie ihn vielleicht ein Fürst besitzen mag
Von einer Art, wie ich von keinem freilich las:
Der schweigend seine Krone hinwürf und vor Nacht
Den Hof verließ und nie mehr wiederkäm.
Was aber könnte einen treiben, dies zu tun?
Ich weiß, ich bin zu jung und kann die vielerlei
Geschicke nicht verstehn; vielmehr sie kommen mir
Wie Netze und Fußangeln vor, in die der Mensch
Hineingerät und fallend sich verfängt; ich will
So vielen einmal helfen, als ich kann. Schon jetzt

Halt ich mein Pferd vor jedem an, der elend scheint,
Und wenn sie wo im Felde mähen, bleib ich stehn
Und frage sie nach ihrem Leben, und ich weiß
Schon vielerlei, was meinen Brüdern völlig fremd.
Zu Mittag saß ich ab im dämmernden Gebüsch,
Von Brombeer und von wilden Rosen ganz umzäunt,
Und neben meinem Pferde schlief ich ein. Da fing
Ich gleich zu träumen an. Ich jagte, war der Traum:
Zu Fuß und mit drei großen Hunden trieb ich Wild,
Gekleidet wie auf alten Bildern und bewaffnet
Mit einer Armbrust, und vor mir der dichte Wald
War angefüllt mit Leben, überschwemmt mit Wild,
Das lautlos vor mir floh. Nichts als das Streifen
Der Felle an den Bäumen und das flinke Laufen
Von Tausenden von Klauen und von leichten Hufen
Auf Moos und Wurzeln, und die Wipfel droben dunkel
Von stiller atemloser Flucht der Vögel. In getrennten,
Doch durcheinander hingemengten Schwärmen rauschten
Birkhähne schweren Flugs, das Rudern wilder Gänse,
Und zwischen Ketten der verschreckten Haselhühner
schwangen
Die Reiher sich hindurch, und neben ihnen, ängstlich
Den Mord vergessend, hasteten die Falken hin.
Dies alles trieb ich vor mir her, wie Sturm ein schwarzes
Gewölk, und drängte alles einer dunklen Schlucht
Mit jähen Wänden zu. Ich war vom Übermaß
Der Freude über diese Jagd erfüllt und doch
Im Innersten beklommen, und ich mußte plötzlich
An meinen Vater denken, und mir war, als säh ich
Sein weißes Haar in einem Brunnen unter mir.
Da rührte sich mein Pferd im Schlaf und sprang auf einmal
Zugleich auf die vier Füße auf und schnaubte wild,
Und so erwachte ich und fühlte noch den Traum
Wie dunkle Spinnweb um die Stirn mir hängen. Aber dann

Verließ ich diese dumpfe Kammer grüner Hecken, und mein Pferd
Ging neben mir, ich hatte ihm den leichten Zaum
Herausgenommen, und es riß sich kleine Blätter ab.
Da schwirrten Flügel dicht vor mir am Boden hin:
Ich bückte mich, doch war kein Stein im tiefen Moos,
Da warf ich mit dem Zaum der Richtung nach und traf:
Zwei junge Hühner lagen dort und eine Wachtel, tot,
In einem Wurf erschlagen mit der Trense. Sonderbar
War mir die Beute, und der Traum umschwirrte mich so stark,
Daß ich den Brunnen suchte und mir beide Augen schnell
Mit klarem Wasser wusch; und wie mir flüchtig da
Aus feuchtem Dunkel mein Gesicht entgegenflog,
Kam mir ein Taumel, so, als würd ich innerlich
Durch einen Abgrund hingerissen, und mir war,
Da ich den Kopf erhob, als wär ich um ein Stück
Gealtert in dem Augenblick. Zuweilen kommt,
Wenn ich allein bin, solch ein Zeichen über mich:
Und früher war ich innerlich bedrückt davon
Und dachte, daß in meinem tiefsten Seelengrund
Das Böse läg und dies Vorboten wären, und
Erwartete mit leiser Angst das Kommende.
Nun aber ist durch einen Gruß ein solches Glück
In mich hineingekommen, daß ich früh und spät
Ein Lächeln durch die lichten Zweige schimmern seh.
Und statt die Brüder zu beneiden, fühl ich nun
Ein namenloses stilles Glück, allein zu sein:
Denn alle Wege sind mir sehr geheimnisvoll
Und doch wie zubereitet, wie für mich
Von Händen in der Morgenfrühe hingebaut,
Und überall erwarte ich den Pfad zu sehn,
Der anfangs von ihr weg zu vieler Prüfung führt
Und wunderbar verschlungen doch zu ihr zurück.

Er geht mit seinem Pferde ab. Nun ist völlige Dämmerung. Der Fremde tritt auf; nach seiner Kleidung könnte er ein geschickter Handwerker, etwa ein Goldschmied, sein. Er bleibt auf der Brücke stehen und sieht ins Wasser.

DER FREMDE

Dies hängt mir noch von Kindesträumen an:
Ich muß von Brücken in die Tiefe spähen,
Und wo die Fische gleiten übern Grund,
Mein ich Geschmeide hingestreut zu sehen,

Geschmeide in den Kieselgrund verwühlt,
Geräte, drin sich feuchte Schatten fangen.
Wie Narben an dem Leib von Kindern wuchs
Mit mir dies eingegrabene Verlangen!

Ich war zu klein und durfte nie hinab.
Nun wär ich stark genug, den Schatz zu heben,
Doch dieses Wasser gleitet stark und schnell,
Zeigt nicht empor sein stilles innres Leben.

Nur seine Oberfläche gibt sich her,
Gewaltig wie von strömendem Metalle.
Von innen treibt sich Form auf Form heraus
Mit einer Riesenkraft in stetem Schwalle.

Aus Krügen schwingen Schultern sich heraus,
Aus Riesenmuscheln kommt hervorgegossen
Ein knabenhafter Leib, ihm drängt sich nach
Ein Ungeheuer und ist schon zerflossen!

Lieblichen Wesen, Nymphen halb, halb Wellen,
Wälzt eine dunkle riesige Gewalt

Sich nach: mich dünkt, es ist der Leib der Nacht,
In sich geballt die dröhnende Gestalt:

Nun wirft sie auseinander ihre Glieder,
Und für sich taumelt jedes dieser wilden.
Mich überkommt ein ungeheurer Rausch,
Die Hände beben, solches nachzubilden,

Nur ist es viel zu viel, und alles wahr:
Eins muß empor, die anderen zerfließen.
Gebildet hab ich erst, wenn ichs vermocht,
Vom großen Schwall das eine abzuschließen.

In einem Leibe muß es mir gelingen,
Das unaussprechlich Reiche auszudrücken,
Das selige Insichgeschlossensein:
Ein Wesen, ists, woran wir uns entzücken!

Sei's Jüngling oder Mädchen oder Kind,
Das lasse ich die schmalen Schultern sagen,
Die junge Kehle, wenn sie mir gelingt,
Muß jenes atmend Unbewußte tragen,

Womit die Jugend über Seelen siegt.
Und der ich jenes Atmen ganz verstehe,
Wie selig ich, der trinkt, wo keiner trank,
Am Quell des Lebens in geheimer Nähe,
Wo willig kühle unberührte Wellen
Mit tiefem Klang dem Mund entgegenschwellen!

Tritt ab. Das junge Mädchen tritt auf. Sie ist noch ein halbes Kind. Sie geht nur wenige Schritte, setzt sich dann auf den steinernen Brückenrand. Ihr weißes leichtes Kleid schimmert durch das Dunkel.

DAS MÄDCHEN

Die Nacht ist von Sternen und Wolken schwer,
Käm jetzt nur irgendeiner daher
Und säng recht etwas Trauriges,
Indes ich hier im Dunkeln säß!

DIE STIMME EINES BÄNKELSÄNGERS *aus einiger Entfernung*

Sie lag auf ihrem Sterbebett
Und sprach: Mit mir ists aus.
Mir ist zumut wie einem Kind,
Das abends kommt nach Haus.

Das Ganze glitt so hin und hin
Und ging als wie im Traum:
Wie eines nach dem andern kam,
Ich sterb und weiß es kaum!

Kein andrer war, wie der erste war:
Da war ich noch ein Kind,
Es blieb mir nichts davon als ein Bild,
So schwach, wie schwacher Wind.

Dem zweiten tat ich Schmerz und Leid
So viel an, als er mir.
Er ist verschollen: Müdigkeit,
Nichts andres blieb bei mir.

Den dritten zu denken, bringt mir Scham.
Gott weiß, wie manches kommt!
Nun lieg ich auf meinem Sterbebett:
Wenn ich nur ein Ding zu denken hätt,
Nur *ein* Ding, das mir frommt!

DAS MÄDCHEN

Es ist aufgestanden und spricht im Abgehen

Die arme Frau, was die nur meint?
Das ganze Lied ist dumm, mir scheint.
Schlaftrunken bin ich. Mir scheint, dort fällt
Ein Stern. Wie groß ist doch die Welt!
So viele Sachen sind darin.
Mir käm jetzt manches in den Sinn,
Wenn ich nur nicht so schläfrig wär ...
Mir kann doch alles noch geschehn!
Jetzt aber geh ich schon ins Haus,
Ich ziehe mich im Dunkeln aus
Und laß die Läden offenstehn!
Nun schläft der Vogel an der Wand,
Ich leg den Kopf auf meine Hand
Und hör dem lang noch singen zu.
Ich hör doch für mein Leben gern
So traurig singen, und von fern.

Geht ab. Es ist völlig Nacht geworden. Der Wahnsinnige tritt auf, jung, schön und sanft, vor ihm sein Diener mit einem Licht, hinter ihm der Arzt. Der Wahnsinnige lehnt sich mit unbeschreiblicher Anmut an den Brückenrand und freut sich am Anblick der Nacht.

DER DIENER

Schicksal ist das Schicksal meiner Herrschaft,
Von dem eignen sei mir nicht die Rede!
Dieser ist der Letzte von den Reichen,
Von den Mächtigen der Letzte, hilflos.
Aufgetürmten Schatz an Macht und Schönheit
Zehrte er im Tanz wie eine Flamme.
Von den Händen flossen ihm die Schätze,
Von den Lippen Trunkenheit des Siegers,
Laufend auf des Lebens bunten Hügeln!

Wo beginn ich, sein Geschick zu sagen?
Trug er doch gekrönt von wildem Feuer
Schon in knabenhafter Zeit die Stirne:
Und der Vater, der die Flüsse nötigt,
Auszuweichen den Zitronengärten,
Der die Berge aushöhlt, sich ein Lusthaus
Hinzubaun in ihre kühle Flanke,
Nicht vermag er, seinen Sohn zu bändigen.
Dieser dünkt sich Prinz und braucht Gefolge:
Mit den Pferden, mit den schönen Kleidern,
Mit dem wundervollen tiefen Lächeln
Lockt er alle Söhne edler Häuser,
Alles läuft mit ihm; den Papageien,
Den er fliegen läßt, ihm einzufangen,
Laufen aus den Häusern, aus den Gärten
Alle, jeder läßt sein Handwerk liegen
Und der lahme Bettler seine Krücke.
Und so wirft er denn aus seinem Fenster
Seines Vaters Gold mit beiden Händen:
Wenn das Gold nicht reicht, die goldnen Schüsseln,
Edle Steine, Waffen, Prunkgewebe,
Was ihr wollt! Wie eine von den Schwestern
Liebesblind, mit Fieberhänden schöpfend,
Von den aufgehäuften Hügeln Goldes
Alles gibt, die Wege des Geliebten
Mit endloser Huldigung zu schmücken
– Fremd ist ihr die Scheu wie einer Göttin –,
Wie die andre Fürstengüter hingibt,
Sich mit wundervollen Einsamkeiten
Zu umgeben, Park und Blütenlaube
Einer starren Insel aufzulegen,
Mitten in den öden Riesenbergen
Eigensinnig solchen Prunk zu gründen:
ER vereinigt in den süßen Lippen,

In der strengen, himmelhellen Stirne
Beider Schönheit, – in der einen Seele
Trägt er beides: ungeheure Sehnsucht,
Sich für ein Geliebtes zu vergeuden –
Wieder königliche Einsamkeit.
Beides kennend, überfliegt er beides,
Wie er mit den Füßen viele Länder,
Mit dem Sinn die Freundschaft vieler Menschen
Und unendliches Gespräch hindurchfliegt
Und der vielen Frauen Liebesnetze
Lächelnd kaum berührt und weiterrauscht.
Auf dem Wege blieben wie die Schalen,
Leere Schalen von genoßnen Früchten,
Herrliche Gesichter schöner Frauen,
Lockig, mit Geheimnissen beladen,
Purpurmäntel, die um seine Schultern
Kühnerworbne Freunde ihm geschlagen.
Alles dieses ließ er hinter sich!
Aber funkelnde Erfahrung legte
Sich um seiner Augen innre Kerne.
Wo er auftritt, bringen kluge Künstler
Ihm herbei ihr lieblichstes Gebilde;
Mit den Augen, den beseelten Fingern
Rührt ers an und nimmt sich ein Geheimnis,
Das der Künstler selbst nur dunkel ahnte,
Nimmt es atmend mit auf seinem Wege.

– –

Manches Mal an seinem Wege schlafend
Oder sitzend an den dunklen Brunnen,
Findet er die Söhne oder Töchter
Jener fremden Länder; neben ihnen
Ruht er aus, und mit dem bloßen Atmen,
Mit dem Heben seiner langen Wimpern
Sind sie schon bezaubert, und er küßt sie

Auf die Stirn und freut sich ihres Lebens.
Denn er sieht ihr sanftes, stilles Leben,
Mit dem stillen Wehen grüner Wipfel
Sieht er es in ihren großen Augen.
Sie umklammern seine Handgelenke,
Wenn er gehen will, und wie die Rehe
Schauen sie voll Angst, warum er forteilt.
Doch er lächelt; und auf viele Fragen
Hat er eine Antwort: mit den Augen,
Die sich dunkler färben, nach der Ferne
Winkend, sagt er mit dem strengen Lächeln:
›Wißt ihr nicht? Dies alles ist nur Schale!
Hab so viele Schalen fortgeworfen,
Soll ich an der letzten haftenbleiben?‹
Und er treibt sein Pferd schon vorwärts wieder,
Wie ihn selbst die rätselvolle Gottheit.
Seine Augen ruhen auf der Landschaft,
Die noch nie ein solcher Blick getroffen:
Zu den schönsten Hügeln, die mit Reben
An die dunklen, walderfüllten Berge
Angebunden sind, zu schönen Bäumen,
Hochgewipfelt seligen Platanen,
Redet er: er will von ihnen Lächeln,
Von den Felsen will sein starker Wille
Eine atmend wärmere Verkündung,
Alle stummen Wesen will er, flehend,
Reden machen, in die trunkne Seele
Ihren großen Gang verschwiegnen Lebens,
Wie der Knaben und der Mädchen Leben,
Wie der Statuen Geheimnis *haben!*
Und er weint, weil sie ihm widerstehen.
Diese letzte Schale wegzureißen,
Einen unerhörten Weg zu suchen
In den Kern des Lebens, dahin kommt er.

In das einsamste von den Kastellen,
Nur ein Viereck von uralten Quadern,
Rings ein tiefer Graben dunklen Wassers,
Nistet er sich ein. Das ganze Leben
Läßt er draußen, alle bunte Beute
Eines grenzenlos erobernden
Jungen Siegerlebens vor dem Tore!
Nur die zaubermächtigen Geräte
Und die tief geheimnisvollen Bücher,
Die Gebildetes in seine Teile
Zu zerlegen lehren, bleiben da.
Unbegreiflich ungeheure Worte
Fängt er an zu reden und den Abgrund
Sich hinabzulassen, dessen obrer
Äußrer Rand an einer kleinen Stelle
Von des Paracelsus tiefsten Büchern
Angeleuchtet wird mit schwacher Flamme.
Und es kommen wundervolle Tage:
In der kahlen Kammer, kaum der Nahrung,
Die ein zahmer Vogel nimmt, bedürftig,
Wirft sich seine Seele mit den Flügeln,
Mit den Krallen kühner als ein Greife,
Wilder als ein Greife, auf die neue
Schattengleiche, körperlose Beute.
Mit dem ungeheueren Gemenge,
Das er selbst im Innern trägt, beginnt er
Nach dem ungeheueren Gemenge
Äußern Daseins gleichnishaft zu haschen.
Tausend Flammen schlagen ihm entgegen.
Da und da! in Leben eingekapselt;
Und vor ihm beginnt der brüderliche
Dumpfe Reigen der verschlungnen Kräfte
In der tiefsten Nacht mit glühendem Munde
Unter sich zu reden: Wunderliches,

Aus dem Herzblut eines Kindes quellend,
Findet Antwort in der Gegenrede
Eines Riesenblocks von dunklem Porphyr!

– –

Welcher Wahnsinn treibt mich, diesen Wahnsinn
Zu erneuern! Ja, daß ich es sage:
Wahnsinn war das wundervolle Fieber,
Das im Leibe meines Herren brannte! . . .
Nichts hat sich seit jenem Tag verändert,
Mit den süßen hochgezognen Lippen
Tauscht er unaufhörlich hohe Rede.
Mit dem Kern und Wesen aller Dinge.
Er ist sanft, und einem Spiel zuliebe,
Meint er, bleibt er noch in seinem Leibe,
Den er lassen könnte, wenn er wollte . . .
Wie vom Rande einer leichten Barke
In den Strom hinab, und wenn er wollte,
In das Innre eines Ahornstammes,
In den Halm von einem Schilf zu steigen.
Nie von selber denkt er sich zu nähren,
Und er bleibt uns nicht an einem Orte:
Denn er will die vielen seiner Brüder
Oft besuchen und zu Gast bei ihnen
Sitzen, bei den Flüssen, bei den Bäumen,
Bei den schönen Steinen, seinen Brüdern.
Also führen wir ihn durch die Landschaft
Flußhinab und hügelan, wir beide,
Dieser Arzt und ich, wie nicht ein Kind ist
Sanft und hilflos, diesen, dem die Schönen
Und die Mächtigen sich dienend bückten,
Wenn er hinlief auf des Lebens Hügeln,
Trunkenheit des Siegers um die Stirne.

DER ARZT

Ich sehe einen solchen Lauf der Welt:
Das Übel tritt einher aus allen Klüften:
Im Innern eines jeden Menschen hält
Es Haus und schwingt sich nieder aus den Lüften:
Auf jeden lauert eigene Gefahr,
Und nicht die Bäume mit den starken Düften
Und nicht die Luft der Berge, kühl und klar,
Verscheuchen das, auch nicht der Rand der See.
Denn eingeboren ist ihr eignes Weh
Den Menschen: ja, indem ich es so nenne,
Verschleir ich schon die volle Zwillingsnäh,
Mit ders dem Sein verwachsen ist, und trenne,
Was nur *ein* Ding: denn lebend sterben wir.
Für Leib und Seele, wie ich sie erkenne,
Gilt dieses Wort, für Baum und Mensch und Tier.
Und hier . . .

DER WAHNSINNIGE *indem er sich beim Schein der Fackel in einem silbernen Handspiegel betrachtet*

Nicht mehr für lange hält dieser Schein,
Es mehren sich schon die Stimmen,
Die mich nach außen rufen,
So wie die Nacht mit tausend Lippen
Die Fackel hin und wider zerrt:
Ein Wesen immer gelüstet es nach dem andern!
Düstern Wegen und funkelnden nachzugehen,
Drängts mich auseinander, Namen umschwirren mich
Und mehr als Namen: sie könnten meine sein!
Ich bin schon kaum mehr hier!
Ich fühl schon auf der eigenen Stirn die Spur
Der eignen Sohle, von mir selber fort
Mich schwingend wie ein Dieb aus einem Fenster.
Hierhin und dorthin darf ich, ich bin hergeschickt,

Zu ordnen, meines ist ein Amt,
Des Namen über alle Namen ist.
Es haben aber die Dichter schon
Und die Erbauer der königlichen Paläste
Etwas geahnt vom Ordnen der Dinge,
Der ungeheuren dumpfen Kräfte
Vielfachen Mund, umhangen von Geheimnis,
Ließen sie in Chorgesängen erschallen, wiesen ihm
Gemessene Räume an, mit Wucht zu lasten,
Empor zu drängen, Meere abzuhalten,
Selbst urgewaltig wie die alten Meere.
Schicksal aber hat nur der einzelne:
Er tritt hervor, die ungewissen Meere,
Die Riesenberge mit grünem Haar von Bäumen,
Dies alles hinter ihm, nur so wie ein Gewebe,
Sein Schicksal trägt er in sich, er ist kühn,
Verfängt sich in Fallstricke und schlägt hin
Und vieles mehr, sein Schicksal ist zehntausendmal
Das Schicksal von zehntausend hohen Bergen:
Der wilden Tiere Dreistigkeit und Stolz,
Sehnsüchtige Bäche, der Fall von hohen Bäumen,
Dies alles ist darin verkocht zehntausendmal.
Hier tritt der Mond vor die Wolken und erleuchtet das Flußbett.
Was aber sind Paläste und die Gedichte:
Traumhaftes Abbild des Wirklichen!
Das Wirkliche fängt kein Gewebe ein:
Den *ganzen* Reigen anzuführen,
Den wirklichen, begreift ihr dieses Amt?
Hier ist ein Weg, er trägt mich leichter als der Traum.
Ich gleite bis ans Meer, gelagert sind die Mächte dort
Und kreisen dröhnend, Wasserfälle spiegeln
Den Schein ergoßnen Feuers, jeder findet
Den Weg und rührt die andern alle an ...

Mit trunknen Gliedern, ich, im Wirbel mitten, –
Reiß alles hinter mir, doch alles bleibt
Und alles schwebt, so wie es muß und darf!
Hinab, hinein, es verlangt sie alle nach mir!
Er will über das Geländer in den Fluß hinab. Die beiden halten ihn mit sanfter Gewalt. Er blickt, an sie gelehnt, und ruft heiter, mit leisem Spott
Bacchus, Bacchus, auch dich fing einer ein
Und band dich fest, doch nicht für lange!

Die Frau im Fenster

La demente: ›Conosci la storia di Madonna Dianora?‹
Il medico: ›Vagamente. Non ricordo più‹ . . .
Sogno d'un mattino di primavera

PERONEN: Messer Braccio · Madonna Dianora · Die Amme

Die Gartenseite eines ernsten lombardischen Palastes. Rechts die Wand des Hauses, welche einen stumpfen Winkel mit der den Hintergrund bildenden mäßig hohen Gartenmauer umschließt. Das Haus besteht bis zur anderthalbfachen Manneshöhe aus unbehauenen Quadern. Dann kommt ein kahler Streif, dann ein Marmorsims, der sich unter jedem Fenster zu einer Medaille mit dem halberhabenen Gesicht eines ruhigen Löwen erweitert. Man sieht zwei Fenster, jedes hat einen kleinen eckigen Balkon, dessen Steingeländer nach vorne Spalten hat, so daß man die Füße der Menschen sieht, die in diesen Erkern stehen. In beiden Fenstern ist ein Vorhang gegen das dahinterliegende Zimmer. Der Garten ist nur ein Rasenplatz mit ungeordneten Obstbäumen. Die Ecke zwischen Mauer und Haus ist mit dunklem Buchsgesträuch angefüllt. Die linke Seite der Bühne bildet eine dichte Weinlaube, von Kastanienbäumen getragen; man sieht nur ihren Eingang, sie verläuft schief nach links rückwärts. Auch gegen den Zuschauer hin ist der Garten verlaufend zu denken. Hinter der rückwärtigen Mauer befindet sich (für den Zuschauer auf der Galerie) ein schmaler Weg, dahinter die Mauer des Nachbargartens, der zu keinem Haus zu gehören scheint. Und im Nachbargarten und weiter rückwärts, so weit man sieht, nichts als die Wipfel unregelmäßig stehender Obstbäume, angefüllt mit Abendsonne.

MADONNA DIANORA *am rückwärtigen Fenster*

Ein Winzer ists und noch der letzte nicht,
Noch nicht der letzte, der vom Hügel steigt!
Da sind noch ihrer drei, und da, und dort...
So hast du denn kein Ende, heller Tag?
Wie hab ich dir die Stunden aus den Händen
Gewunden, aus den halbgeöffneten,
Und sie zerbröckelt und die kleinen Stücke
Hineingeworfen in ein treibend Wasser,
Wie ich jetzt mit zerrißnen Blüten tu.
Wie hab ich diesen Morgen fortgeschmeichelt!
Ein jedes Armband, jedes Ohrgehäng
Nun eingehängt, nun wieder abgelegt,
Und wiederum genommen, aber dann
Doch wieder abgelegt und ganz vertauscht.
Und einen schweren Schwall von klarem Wasser
Im Bade durch mein Haar und langsam dann,
Ganz langsam ausgewunden und dann langsam
Mit stillen, steten Schritten auf und ab
Den schmalen Mauerweg dort in der Sonne:
Doch wars noch immer feucht: es ist so dicht.
Dann suchte ich im Laubengang nach Nestern
Mit jungen Meisen: leiser als ein Lufthauch
Bog ich die schwanken Reben auseinander
Und saß im bebenden Gebüsch und fühlte
Auf meinen Wangen, auf den Händen wandern,
Unsäglich langsam wandern mit den Stunden
Die kleinen Flecken von erwärmtem Licht

Und schloß die Augen halb und konnt es fast
Für Lippen nehmen, die so wanderten.
Doch kommen Stunden, wo all der Betrug
Nichts fruchtet, wo ich nichts ertragen kann,
Als in der Luft dem Rudern wilder Gänse
Mit hartem Blick zu folgen oder mich
Zu beugen auf ein wildes schnelles Wasser,
Das meinen schwachen Schatten mit sich reißt.
Geduldig will ich sein, ich bin es ja:
Madonna! einen hohen steilen Berg
Will ich hinaufgehn und bei jedem Schritt
Mich niederknieen und den ganzen Berg
Abmessen hier mit dieser Perlenschnur,
Wenn dieser Tag nur schnell hinuntergeht!
Denn er ist gar zu lang, ich meß ihn schon
Mit tausendfachen kleinen Ketten ab;
Nun red ich wie im Fieber vor mich hin,
Nur statt die Blätter wo am Baum zu zählen,
Und bin schon wieder viel zu früh am End! . . .
Ja, da! Der Alte ruft den Hund herein!
So liegt sein kleiner Garten schon im Schatten:
Er fürchtet sich und sperrt sich ein, allein!
Für ihn ist jetzt schon Nacht, doch freuts ihn nicht.
Nun gehen auch die Mädchen nach dem Brunnen:
Von jeder kenn ich jetzt schon ganz die Weise,
Wie sie den Träger mit den leeren Eimern
Abnimmt. – Die letzte ist die hübscheste . . .
Was tut der Mensch, ein fremder Mensch, am Kreuzweg?
Der geht wohl heut noch weit; er hebt den Fuß
Auf einen Stein und nimmt die Tücher ab,
In die der Fuß gewickelt ist, – ein Leben!
Ja, zieh dir aus der Sohle nur den Dorn,
Denn du mußt eilen, eilen müssen alle;
Hinunter muß der fieberhafte Tag

Und dieser Flammenschein von unsern Wangen.
O was uns stört und was uns lastet, fort!
Fort wirf den Dorn, ins Feld, wo in den Brunnen
Das Wasser bebt und Büschel großer Blumen
Der Nacht entgegenglühn; ich streif die Ringe
Von meiner Hand, und die entblößten Finger
Sind froh wie nackte Kinder, die des Abends
Zum Bach hinunter dürfen, um zu baden. –
Nun gehen sie vom Brunnen, nur die letzte
Verweilt sich noch ... Wie schönes Haar sie hat;
Allein was weiß sie, was sie daran hat!
Sie ist wohl eitel drauf, doch Eitelkeit
Ist nur ein armes Spiel der leeren Jahre:
Einmal, wenn sie hinkommt, wo ich jetzt bin,
Wird sie's liebhaben, wird es über sich
Hinfallen fühlen, wie ein Saitenspiel
Mit leisem Flüstern und dem Nachgefühl
Geliebter Finger fiebernd angefüllt.
Sie löst ihr Haar auf und läßt es links und rechts nach vorne fallen.
Was wollt ihr hier bei mir? Hinab mit euch!
Ihr dürft entgegen! Wenn es dunkel ist
Und seine Hand sich an der Leiter hält,
Wird sie auf einmal statt der leeren Luft
Und kühler fester Blätter hier vom Buchs
Euch spüren, leiser als den leichten Regen,
Der abends fällt aus dünnen goldnen Wolken.
Läßt das Haar über die Brüstung hinabfallen.
Seid ihr so lang und reicht doch nicht ein Drittel
Des Weges, rührt mit euren Spitzen kaum
Dem Löwen an die kalten Marmornüstern!
Sie lacht, hebt sich wieder.
Ah! ein Spinne! Nein, ich schleudre dich
Nicht weg, ich leg die Hand nun wieder still

Hier aufs Geländer, und du findest weiter
Den Weg, den du so eifrig laufen willst.
Wie sehr bin ich verwandelt, wie verzaubert!
Sonst hätt ich nicht die Frucht berührt im Korb,
Wär nur am Rand des Korbes dies gelaufen:
Nun nimmst du deinen Weg auf meiner Hand,
Und mich in meiner Trunkenheit erfreuts.
Ich könnte gehn am schmalen Rand der Mauer
Und würd so wenig schwindlig als im Garten.
Fiel ich ins Wasser, mir wär wohl darin:
Mit weichen, kühlen Armen fings mich auf,
Und zwischen schönen Lauben glitt ich hin
Mit halbem Licht und dunkelblauem Boden
Und spielte mit den wunderlichen Tieren,
Goldflossig und mit dumpfen guten Augen.
Ja, müßt ich meine Tage eingesperrt
In einem halbverfallenen Gemäuer
Im dicken Wald verbringen, wär mir doch
Die Seele nicht beengt, es kämen da
Des Waldes Tiere, viele kleine Vögel,
Und kleine Wiesel rührten mit der Schnauze
Und mit den Wimpern ihrer klugen Augen
Die Zehen meiner nackten Füße an,
Indessen ich im Moos die Beeren äße!
... Was raschelt dort? Der Igel ists, der Igel
Vom ersten Abend! Bist du wieder da,
Trittst aus dem Dunkel, gehst auf deine Jagd?
Ja, Igel, käm nur auch mein Jäger bald!
Aufschauend
Nun sind die Schatten fort, die Schatten alle:
Die von den Pinien, die von den Mauern,
Die von den kleinen Häusern dort am Hügel,
Die großen von den Weingerüsten, der
Vom Feigenbaum am Kreuzweg, alle fort,

Wie aufgesogen von der stillen Erde!
Nun ist es wirklich Nacht, nun stellen sie
Die Lampe auf den Tisch, nun drängen sich
Im Pferch die Schafe fester aneinander,
Und in den dunklen Ecken der Gerüste,
Wo sich die dichten Weingewinde treffen,
Da hocken Kobolde mit einem Leib
Wie hübsche Kinder, doch boshaften Seelen,
Und auf den Hügeln treten aus der Lichtung
Vom Wald die guten Heiligen heraus
Und schauen hin, wo ihre Kirchen stehen,
Und freun sich an den vielen Kapellen.
Nun, süßes Spielzeug, darfst du auch heraus,
Feiner als Spinnweb, fester als ein Panzer!
Sie befestigt ein Ende der seidenen Strickleiter an einem Eisenhaken innen am Boden des Balkons.
Nun tu ich so, als wär es höchste Zeit,
Und lasse dich hinab in meinen Brunnen,
Mir einen schönen Eimer aufzuziehn!
Sie zieht die Strickleiter wieder herauf.
Nun ist es Nacht: und kann so lange noch,
So endlos lang noch dauern, bis er kommt!
Ringt die Finger.
Kann! *Mit leuchtenden Augen*
Aber muß nicht! Aber freilich kann ...
Sie macht in ihre Haare einen Knoten. Währenddem ist die Amme an das vordere Fenster getreten und gießt die roten Blumen, die dort stehen.
Dianora sehr heftig erschreckend
Wer ist da, wer? ach Amme, du bist es!
So spät hab ich dich hier noch nie gesehen ...
Ist denn etwas geschehn? ...
AMME Nichts, gnädige Frau!
Siehst du denn nicht, ich habe meine Blumen

Vergessen zu begießen, und am Weg
Vom Segen heim fällts mir auf einmal ein,
Und da bin ich noch schnell heraufgegangen.

DIANORA

So gieß nur deine Blumen. Aber, Amme,
Wie sonderbar du aussiehst! Deine Wangen
Sind rot, und deine Augen glänzen so ...
Amme gibt keine Antwort.
Sag, predigt, immer noch der Bruder, der ...

AMME *kurz*

Ja, gnädige Frau.

DIANORA Aus Spanien ist er, sag?
Amme gibt keine Antwort. Pause
Dianora verfolgt ihren eigenen Gedankengang
Sag, Amme, wie war ich als Kind?

AMME

Stolz, gnädige Frau, ein stolzes Kind, nichts als stolz.

DIANORA *sehr leise*

Wie sonderbar, und Demut ist so süß ...
... Wie?

AMME

Ich habe nichts gesagt, gnädige Frau ...

DIANORA

Ach so. Sag, mit wem hat er Ähnlichkeit, der spanische Geistliche?

AMME

Er ist anders als die anderen Leute.

DIANORA

Nein, nur so im Aussehen .. Mit meinem Mann, mit dem gnädigen Herrn?

AMME

Nein, gnädige Frau.

DIANORA

Mit meinem Schwager?

AMME

Nein.

DIANORA

Mit Ser Antonio Melzi?

AMME

Nein.

DIANORA

Messer Galeazzo Suardi?

AMME

Nein.

DIANORA

Messer Palla degli Albizzi?

AMME

Mit diesem hat die Stimme ein wenig Ähnlichkeit. Ja, ich hab gestern zu meinem Sohn gesagt, die Stimme erinnert ein bißchen an Messer Pallas Stimme.

DIANORA Die Stimme . . .

AMME

Aber die Augen erinnern ein wenig an Messer Guido Schio, den Neffen unseres gnädigen Herrn.

Dianora schweigt.

Er ist mir gestern auf der Stiege begegnet. Er ist stehngeblieben.

DIANORA *auffahrend*

Messer Palla?

AMME

Nein, unser gnädiger Herr. Er befahl mir, ihm von der Wundsalbe zu machen, die aufgebraucht ist. Seine Wunde ist noch immer nicht ganz geheilt.

DIANORA

Ach ja, der Biß vom Pferd. Hat er sie dir gezeigt?

AMME

Ja, am Rücken der Hand ist es zugeheilt, innen aber ist

ein kleiner dunkler Fleck, so sonderbar, wie ich ihn nie bei einer Wunde gesehen habe ...

DIANORA

Von welchem Pferd er das nur hat?

AMME

Von dem schönen großen Rotschimmel, gnädige Frau.

DIANORA

Ja, ja, ich entsinn mich schon. Es war an dem Tag, wo Francesco Chieregatis Hochzeit war. *Sie fängt hell zu lachen an.*

Amme sieht sie an.

Ich hab an etwas anders denken müssen. Er erzählte es dann bei Tisch, er trug die Hand in einem Tuch. Wie war es nur eigentlich?

AMME

Was, gnädige Frau?

DIANORA

Das mit dem Pferd.

AMME

Weißt du es nicht, gnädige Frau?

DIANORA

Er erzählte es bei Tisch. Ich konnte es aber nicht hören. Messer Palla degli Albizzi saß neben mir und war so lustig, und alle lachten, und ich konnte es nicht gut hören, was mein Mann erzählte.

AMME

Wie der gnädige Herr in den Stand getreten ist, hat der Rotschimmel die Ohren zurückgelegt, geknirscht und auf einmal nach der Hand geschnappt.

DIANORA

Und dann?

AMME

Dann hat ihn der Herr mit der Faust hinter die Ohren

geschlagen, daß das große starke Pferd getaumelt hat wie ein junger Hund.

Dianora schweigt, sieht verträumt vor sich hin.

Oh, er ist stark, unser Herr. Er ist der stärkste Herr vom ganzen Adel ringsum und der klügste.

DIANORA

Nicht wahr? *erst aufmerkend* Wer?

AMME

Unser Herr.

DIANORA

Ach, unser Herr. *Lächelt. Pause*

– – Und seine Stimme ist so schön, und deswegen hören ihm alle so gern zu, in der großen halbdunklen Kirche.

AMME Wem, gnädige Frau?

DIANORA

Dem spanischen Ordensbruder, wem denn?

AMME

Nein, gnädige Frau, es ist nicht wegen der Stimme, daß man ihm zuhört. Gnädige Frau ...

Dianora gibt schon wieder nicht acht.

Gnädige Frau, ist das wahr, was sich die Leute erzählen, das von dem Gesandten?

DIANORA

Von welchem Gesandten?

AMME

Von dem Gesandten, den die Leute von Como an unsern Herrn geschickt haben.

DIANORA

Was erzählen denn die Leute?

AMME

Ein Schafhirt, sagen sie, hats gesehen.

DIANORA

Was hat er denn gesehen?

AMME

Unser Herr war zornig über den Gesandten und hat den Brief nicht nehmen wollen, den ihm die von Como geschrieben haben. Dann hat er ihn doch genommen, den Brief, halb gelesen, und in Fetzen gerissen und die Fetzen dem Menschen, dem Gesandten, vor den Mund gehalten und verlangt, er solle sie verschlucken. Der ging aber rückwärts wie ein Krebs und machte gerade solche stiere Augen wie ein Krebs, und alle lachten, am meisten aber der Herr Silvio, dem gnädigen Herrn sein Bruder. Dann hat ihm der Herr sein Maultier aus dem Stall ziehen und vors Tor stellen lassen und wie der zu langsam in den Sattel kam, nach den Hunden gepfiffen. Der Gesandte ist fort mit seinen zwei Knechten. Unser Herr ist mit sieben Leuten hinaus auf die Jagd, mit allen Hunden. Gegen Abend aber sollen sie einander begegnet sein, an der Brücke über die Adda, dort, wo das Varesanische anfängt, unser Herr, der von der Jagd am Heimweg war, und der Mensch aus Como. Und der Schafhirt kommt auch vorbei und treibt seine Herde neben der Brücke in ein Maisfeld, nur daß sie ihm nicht von den Pferden zusammengetreten werden. Da hört er unsern Herrn rufen: ›Da ist der, der nicht essen wollte, vielleicht will er trinken.‹ Und vier von unsern Leuten hängen sich an die zwei Knechte, zwei andre nehmen den Gesandten jeder bei einem Bein, heben ihn aus dem Sattel und schleudern ihn, der sich wehrt wie ein Wahnsinniger, übers Geländer. Einem hat er mit den Zähnen ein Stück vom Ärmel mitsamt dem Fleisch darunter herausgerissen. Die Adda hat an der Stelle recht steile Ufer, sie war ganz dunkel und reißend von dem vielen Regen im Gebirg. Er ist nicht wieder herausgekommen, hat der Schafhirt gesagt.

Amme hält inne, sieht sie fragend an.

DIANORA *finster*

Ich weiß nicht. *Sie schüttelt den sorgenvollen Ausdruck ab, ihr Gesicht nimmt wieder seinen verträumten, innerlich glücklichen Ausdruck an.*

Sag mir etwas von dem, was er predigt, der Spanier.

AMME

Ich weiß nicht, wie ichs sagen sollte, Gnädige Frau.

DIANORA

Nur etwas weniges. Predigt er denn von so vielerlei Dingen?

AMME

Nein, fast immer von denselben.

DIANORA

Von was?

AMME

Von der Ergebung in den Willen des Herrn.

Dianora sieht sie an, nickt.

Gnädige Frau, du mußt verstehen, das ist alles.

DIANOA Wie, alles?

AMME *während des Redens mit den Blumen beschäftigt*

Er sagt, es liegt darin alles, das ganze Leben, es gibt sonst nichts. Er sagt, es ist alles unentrinnbar, und das ist das große Glück, zu erkennen, daß alles unentrinnbar ist. Und das ist das Gute, ein anderes Gutes gibt es nicht. Die Sonne muß glühen, der Stein muß auf der stummen Erde liegen, aus jeder lebendigen Kreatur geht ihre Stimme heraus, sie kann nichts dafür, sie kann nichts dawider, sie muß.

Dianora denkt nach wie ein Kind.

Amme geht vom Fenster weg. Pause.

DIANORA

Wie abgespiegelt in den stillsten Teich
Liegt alles da, gefangen in sich selber.
Der Efeu rankt sich in den Dämmer hin
Und hält die Mauer tausendfach umklommen,

Hoch ragt ein Lebensbaum, zu seinen Füßen
Steht still ein Wasser, spiegelt, was es sieht,
Und aus dem Fenster über diesen Rand
Von kühlen, festen Steinen beug ich mich
Und strecke meine Arme nach dem Boden.
Mir ist, als wär ich doppelt, könnte selber
Mir zusehn, wissend, daß ichs selber bin –
Pause
Ich glaube, so sind die Gedanken, die
Ein Mensch in seiner Todesstunde denkt.
Sie schaudert, macht das Kreuz

AMME *ist schon früher wieder an ihr Fenster gekommen, hat eine Schere in der Hand, schneidet dürre Ästchen von den Blumenstöcken*
Nun aber bin ich fertig mit den Blumen,
Und eine gute Nacht, gnädige Frau!

DIANORA *erschreckend*
Wie? Amme, gute Nacht, leb wohl. Mich schwindelt.
Amme geht weg.
Dianora sich aufrüttelnd Amme!
Amme kommt wieder.
Wenn der Bruder morgen predigt,
Geh ich mit dir.

AMME Ja, morgen, gnädige Frau,
Wenn uns der liebe Gott das Leben schenkt.

DIANORA *lacht*
Ja freilich. Gute Nacht. *Lange Pause*
Nur seine Stimme
Hat dieser fremde Mönch, da laufen ihm
Die Leute zu und hängen sich an ihn,
Wie Bienen an die dunklen Blütendolden,
Und sagen: ›Dieser Mensch ist nicht wie andre,
Er macht uns schauern, seine Stimme löst
Sich auf und sinkt in uns hinein, wir sind

Wie Kinder, wenn wir seine Stimme hören.‹
O hätt ein Richter seine helle Stirn,
Wer möchte dann nicht knieen an den Stufen
Und jeden Spruch ablesen von der Stirn!
Wie süß, zu knieen auf der letzten Stufe
Und sein Geschick in dieser Hand zu wissen!
In diesen königlichen guten Händen!
– –
Und seine Fröhlichkeit! wie wundervoll
Zu sehn, wenn solche Menschen fröhlich sind!
– – – Er nahm mich bei der Hand und zog mich fort,
Und wie verzaubert war mein Blut, ich streckte
Die linke Hand nach rückwärts, und die andern
Hängten sich dran, die ganze lange Kette
Von Lachenden! Die Lauben flogen wir
Hinab und einen tiefen steilen Gang.
Kühl wie ein Brunnenschacht, ganz eingefaßt
Von hundertjährigen Zypressen, dann
Den hellen Abhang: bis an meine Knie
Berührten mich die wilden warmen Blumen,
Wie wir hinliefen wie ein heller Windstoß,
Und dann ließ er mich los und sprang allein
Hinan die Stufen zwischen den Kaskaden:
Delphinen sprang er auf die platte Stirn,
An den im Rausch zurückgeworfnen Armen
Der Faune hielt er sich, stieg den Tritonen
Auf ihre nassen Schultern, immer höher,
Der wildeste und schönste Gott von allen!
Und unter seinen Füßen flog das Wasser
Hervor und schäumte durch die Luft herab
Und sprühte über mich, und ich stand da,
Und mir verschlang der Lärm des wilden Wassers
Die ganze Welt. Und unter seinen Füßen
Kam es hervor und sprühte über mich!

Pause. Man hört Schritte in der Ferne.
Ss! Schritte! nein, es ist noch viel zu früh –
Und doch! und doch!
Langes Warten Sie kommen!
Pause Kommen nicht.
O nein, sie kommen nicht. Und wie sie schlürfen.
Nun schlürfen sie den Weinberg dort hinab
Und taumeln. Dort sind Stufen. Ein Betrunkner!
Blieb auf der Landstraße, betrunkner Mensch!
Was willst du zwischen unsern Gärten hier?
Heut ist kein Mond, wär Mond, wär ich nicht hier!
Die kleinen Sterne flimmern ruhelos
Und zeigen keinen Weg für deinesgleichen.
Geh heim, auf einen Trunknen wart ich auch,
Doch nicht vom schlechten Wein, und seine Schritte
Sind leichter als der leichte Wind im Gras
Und sichrer als der Tritt des jungen Löwen.
Pause
Doch sind es martervolle Stunden! Nein!
Nein, nein, nein, nein, so schön, so gut, so schön!
Er kommt: o weit im Wege ist er schon!
Der letzte Baum dort drunten sieht ihn schon,
Vielmehr er könnt ihn sehen, wäre nicht
Der lange Streifen schattenhafter Sträucher
Dazwischen – und wenns nicht so dunkel wär.
Pause
Er kommt! so sicher, als ich jetzt die Leiter
An diesen Haken binde, kommt! so sicher,
Als leise raschelnd jetzt ich sei hinunter,
Hinunter gleiten lasse, als sie jetzt
Verstrickt ist im Gezweig, nun wieder frei,
So sicher, als sie hängt und leise bebt,
Wie ich hier hänge, bebender als sie ...
Sie bleibt lange so über die Brüstung gebeugt liegen. Auf

einmal glaubt sie zu hören, wie hinter ihr der Vorhang zwischen ihrem Balkon und dem Zimmer zurückgeschlagen wird. Sie dreht den Kopf und sieht, wie ihr Mann in der Türe steht. Sie springt auf, ihre Züge verzerren sich in der äußersten Todesangst. Messer Braccio steht lautlos in der Tür. Er hat ein einfaches dunkelgrünes Hausgewand an, ohne alle Waffen; niedrige Schuhe. Er ist sehr groß und stark. Sein Gesicht ist so wie es auf den alten Bildnissen von großen Herren und Söldnerkapitänen nicht selten vorkommt. Er hat eine übermäßig große Stirn und kleine dunkle Augen, dichtes kurzgeringeltes schwarzes Haar und einen kleinen Bart rings um das Gesicht.
Dianora will sprechen, kann nicht, sie bringt keinen Laut aus der Kehle.
Messer Braccio winkt, sie soll die Leiter einziehn.
Dianora tut es automatisch, rollt sie zusammen, läßt das Bündel wie bewußtlos vor ihren Füßen niederfallen.
Braccio sieht ihr ruhig zu; dann greift er mit der rechten Hand nach der linken Hüfte, auch mit der linken Hand, sieht hinunter, bemerkt, daß er keinen Dolch hat. Macht eine ungeduldige Bewegung mit den Lippen, wirft einen Blick in den Garten hinunter, einen Blick nach rückwärts. Hebt seine rechte Hand einen Augenblick und besieht das Innere. Geht mit starken ruhigen Schritten ins Zimmer zurück.
Dianora sieht ihm unaufhörlich nach: sie kann die Augen nicht von ihm abwenden. Wie der Vorhang hinter ihm zufällt, fährt sie sich mit den Fingern über die Wangen, ins Haar. Dann faltet sie die Hände und spricht lautlos mit wildem Durcheinanderwerfen der Lippen ein Gebet. Dann wirft sie die Arme nach rückwärts und umschließt mit den Fingern den Steinrand, eine Bewegung, in der etwas von tödlicher Entschlossenheit und wie eine Ahnung von Triumph liegt.

Braccio tritt wieder aus der Tür, mit der Linken trägt er einen Sessel, stellt ihn in die Türöffnung und setzt sich seiner Frau gegenüber. Sein Gesicht ist unverändert. Von Zeit zu Zeit hebt er mechanisch die rechte Hand und sieht die kleine Wunde auf der Innenfläche an.

BRACCIO *der Ton ist kalt, gewissermaßen wegwerfend. Er deutet mit dem Fuß und den Augen nach der Leiter*

Wer?

Dianora hebt die Achseln, läßt sie langsam wieder fallen.

Ich weiß es!

Dianora hebt die Achseln, läßt sie langsam wieder fallen. Ihre Zähne sind aufeinandergepreßt.

Braccio indem er die Bewegung mit der Hand macht, streift seine Frau nur mit dem Blick, sieht dann wieder in den Garten

Palla degli Albizzi.

DIANORA *zwischen den Zähnen hervor*

Wie häßlich auch der schönste Name wird,
Wenn ihn ein Mund ausspricht, dem es nicht ziemt!

Braccio sieht sie an, als ob er reden wollte, schweigt aber wieder.

Pause

BRACCIO

Wie alt bist du?

Dianora schweigt.

Fünfzehn und fünf. Du bist zwanzig Jahre alt.

Dianora schweigt.

Pause

DIANORA *fast schreiend*

Meines Vaters Name war Bartholomeus Colleoni ... Du kannst mich ein Vaterunser und den Englischen Gruß sprechen lassen und mich dann töten, aber nicht so stehen lassen wie ein angebundenes Tier!

Braccio sieht sie an wie verwundert, gibt keine Antwort, sieht seine Hand an.

Dianora fährt langsam rückwärts mit den Händen an ihr Haar, schließt vorne die Ellenbogen, starrte ihn an, läßt die Arme vorne fallen, scheint seinen Plan zu verstehen. Ihre Stimme ist nun völlig verändert, wie eine zum Reißen gespannte Saite

Ich möchte eine Dienerin, die mir

Stockend, die Stimme droht ihr abzureißen

Vorher die Haare flicht, sie sind verwirrt.

BRACCIO

Du hilfst dir öfter ohne Dienerin.

DIANORA *beißt die Lippen zusammen, schweigt, streicht die Haare an den Schläfen zurück; faltet die Hände*

Ich habe keine Kinder. Meine Mutter
Hab ich einmal gesehen, bevor sie starb;
Der Vater führte mich und meine Schwester
Hinein, es war ein strenges hochgewölbtes
Gemach, ich konnte nicht die Kranke sehn,
Das Bette war zu hoch, nur eine Hand
Hing mir entgegen, und die küßte ich.
Vom Vater weiß ich, daß er einen Harnisch
Von grünem Gold mit dunklen Sprangen trug
Und daß ihm zweie halfen, wenn er morgens
Zu Pferde stieg, denn er war schon sehr alt.
Meine Schwester Medea hab ich wenig
Gekannt. Sie war kein frohes Kind.
Ihr Haar war dünn, und Stirn und Schläfen schienen
Viel älter als der Mund und ihre Hände;
Sie hatte immer Blumen in der Hand.
Sei diesen Seelen gnädig, wie der meinen,
Und heiß sie freundlich mir entgegenkommen.
Ich kann nicht niederknien, es ist kein Raum.

Braccio steht auf, schiebt seinen Stuhl ins Zimmer, ihr

Platz zu machen, sie beachtet ihn nicht.
Noch eins; laß mich nachdenken: Bergamo,
Wo ich geboren ward, das Haus zu Feltre,
Wo die Oheime und die Vettern waren ...
Dann setzten sie mich auf ein schönes Pferd
Mit einer reichen Decke, meine Vettern
Und viele andre ritten neben mir,
Und so kam ich hierher, von wo ich jetzt
Hingehen soll ...
Sie hat sich zurückgelehnt und sieht über sich die flimmernden Sterne auf dem schwarzen Himmel; schaudert
Ich wollte etwas andres ... *Sucht*
Von Bergamo, wo sie mich gehen lehrten,
Bis hierher, wo ich stehe, hab ich mich
Vielfach verschuldet, öfter als ich weiß,
Am öftesten durch Hoffart, und einmal,
Das ich noch weiß, sei für die vielen andern,
Die schwerer sind, gebeichtet und bereut:
Als ich *denkt nach*
Drei Tage nach Sankt Magdalena
Mit dem hier, meinem Mann, und vielen andern Herrn
Nach Haus ritt von der Jagd, lag an der Brücke
Ein alter Bettler mit gelähmten Füßen:
Ich wußte, daß er alt und elend war,
Auch war etwas in seinen müden Augen,
Das meinem toten Vater ähnlich sah ...
Trotzdem! nur weil der, welcher neben mir ritt,
Die Hand am Zaum von meinem Pferde hatte,
Wich ich nicht aus und ließ den scharfen Staub
Von meines Pferdes Füßen ihn verschlucken,
Ja, ritt so dicht an ihn, daß mit den Händen
Er sein gelähmtes Bein wegheben mußte:
Dessen entsinn ich mich, und ich bereue es.

BRACCIO Der neben dir ritt, hielt dein Pferd am Zaume?
Sieht sie an.
DIANORA *erwidert den Blick, versteht ihn, sehr hart*
Ja. Damals so wie öfter. Damals so
Wie öfter. Und wie furchtbar selten doch!
Wie dünn ist alles Glück! ein seichtes Wasser:
Man muß sich niederknieen, daß es nur
Bis an die Schultern reichen soll.
BRACCIO Wer hat
Von meinen Leuten, deinen Dienerinnen
Gewußt um diese Dinge?
Dianora schweigt.
Braccio, wegwerfende Handbewegung.
DIANORA Falsch, sehr falsch
Verstehst du jetzt mein Schweigen. Was weiß ich,
Wer darum wußte? Ich habs nicht verhehlt.
Doch meinst du, ich bin eine von den Frauen,
Die hinter Kupplerinnen und Bedienten
Ihr Glück versteckt, dann kennst du mich sehr schlecht.
Merk auf, merk auf! *Einmal* darf eine Frau
So sein, wie ich jetzt war, zwölf Wochen lang,
Einmal darf sie so sein! Wenn sie vorher
Des Schleiers nie bedurfte, ganz gedeckt
Vom eignen Stolz, so wie von einem Schild,
Darf sie den Schleier einmal auch wegreißen
Und Wangen haben, brennend wie die Sonne.
Die's zweimal könnte, wäre fürchterlich;
Mich trifft das nicht, du weißts, du mußt es wissen!
Wer es erraten, fragst du mich um das?
Dein Bruder muß es wissen. So wie du,
Dein Bruder! so wie du! Frag den, frag den!
Ihre Stimme hat jetzt etwas Sonderbares, fast kindlich Hohes.
Im Juli am Sankt-Magdalenen-Tag,

Da war Francesco Chieregatis Hochzeit:
Das garstige Ding an deiner rechten Hand
Ist von dem Tag, und ich weiß auch den Tag.
Wir aßen in den Lauben, die sie haben,
Den schönen Lauben an dem schönen Teich:
Da saß er neben mir, und gegenüber saß
Dein Bruder. Wie sie nun die Früchte gaben
Und Palla mir die schwere Goldne Schüssel
Voll schöner Pfirsiche hinhielt, daß ich
Mir nehmen sollte, hingen meine Augen
An seinen Händen, und ich sehnte mich,
Demütig ihm vor allen Leuten hier
Die beiden Hände überm Tisch zu küssen.
Dein Bruder aber, der lang nicht so dumm
Wie tückisch ist, fing diesen Blick mit seinem
Und muß erraten haben, was ich dachte,
Und wurde blaß vor Zorn: da kam ein Hund,
Ein großes dunkles Windspiel hergegangen
Und rieb den feinen Kopf an meiner Hand,
Der linken, die hinunterhing: da stieß
Dein dummer Bruder mit gestrecktem Fuß
In Wut mit aller Kraft nach diesem Hund,
Nur weil er nicht mit einem harten Dolch
Nach mir und meinem Liebsten stoßen konnte.
Ich aber sah ihn an und lachte laut
Und streichelte den Hund und mußte lachen.

Sie lacht ein übermäßig helles Lachen, das jeden Augenblick in Weinen oder Schreien übergehen könnte.

Braccio scheint zu horchen.

Dianora horcht auch, ihr Gesicht hat den Ausdruck der entsetzlichsten Spannung. Bald kann sie es aber nicht ertragen und fängt wieder zu reden an, in einem fast deliranten Ton

Wer mich nur gehen sah, der mußt es wissen!

Ging ich nicht anders? saß ich nicht zu Pferd
Wie eine Selige? ich konnte dich
Und deinen Bruder und dies schwere Haus
Ansehn, und mir war leicht, als schwebte ich...
Die vielen Bäume kamen mir entgegen,
Mit Sonne drin entgegen mir getanzt...
Die Wege alle offen in der Luft,
Die schattenlosen Wege, überall
Ein Weg zu ihm... Erschrecken war so süß!
Aus jedem dunklen Vorhang konnte er,
Aus dem Gebüsch, Gebüsch...

Die Sprache verwirrt sich ihr vor Grauen, weil sie sieht, daß Braccio den Vorhang hinter sich völlig zuzieht. Ihre Augen sind übermäßig offen, ihre Lippen bewegen sich unaufhörlich.

MESSER BRACCIO *in einem Ton, den der Schauspieler finden muß; weder laut noch leise, weder stark noch schwach, aber undurchdringlich*
Kam ich, dein Mann, nun nicht zu dieser Zeit
In dein Gemach, um eine Salbe mir
Für meine wunde Hand zu holen – was,
Mit Vorsatz, hättest du sodann getan?

DIANORA *sieht ihn wirr an, begreift die neuerliche Frage nicht, greift sich mit der rechten Hand an die Stirne, hält ihm mit der linken die Strickleiter hin, schüttelt sie vor seinen Augen; läßt sie ihm vor die Füße fallen (ein Ende bleibt angebunden), schreiend* Getan? gewartet! so! gewartet, so!
Sie schwingt wie eine Trunkene ihre offenen Arme vor seinem Gesicht, wirft sich dann herum, mit dem Oberleib über die Brüstung, streckt die Arme gegen den Boden; ihr Haar fällt vornüber.

Messer Braccio hat mit einer hastigen Bewegung ein Stück seines Unterärmels abgerissen und um die rechte Hand gewunden. Mit der Sicherheit eines wilden Tieres auf der

Jagd faßt er die Leiter, die daliegt wie ein dünner dunkler Strick, mit beiden Händen, macht eine Schlinge, wirft sie seiner Frau über den Kopf und zieht den Leib gegen sich nach oben.
Indessen ist der Vorhang schnell gefallen.

Das Bergwerk zu Falun

EIN VORSPIEL

Elis Fröbom · Frau Jensen, Wirtin
Ilsebill · Regine · Kathrine · Peter, Klaus, Portugieser: Matrosen · Der alte Fischer · seine Frau · sein Sohn · Der alte Torbern · Die Königin · Der Knabe Agmahd

Der Meeresstrand einer kleinen Hafenstadt. Rechts Fischerhütten. Zwischen ihnen Netze zum Trocknen ausgespannt. Zur Linken eine ärmliche Matrosenschenke, davor Tische und Bänke. Hie und da spärliches Buschwerk. Im Hintergrund ist ein Fischerboot halb an den Strand gezogen. Jenseits der Meeresbucht in der Ferne blaue Bergketten.
Der alte Fischer, nachher seine Frau treten aus der vordersten Hütte.

DER FISCHER *tut ein paar Schritte gegen das Wirtshaus hin, murmelt*
's ist niemand da. *Kehrt wieder um.*

DIE FRAU *in der Tür ihrer Hütte stehend*
Nu, hast du ihrs gesagt?
Hast du sie angeredet um den Dienst?

FISCHER
Sie hat ja doch kein Mannsbild in der Wirtschaft.
Wir lassen ihn. Ist alles eins.

FRAU Drei Mädel
Sind drin.

FISCHER Kein Mensch!

FRAU Drei junge starke Mädel,
Ich weiß doch! Jesus, geh doch, red sie an!

FISCHER *geht gegen die Schenke, kehrt wieder um*
Von woher sollten denn drei Mädel da sein,
Wer sollten denn die sein?

FRAU Zwei städtische,
Und eine ist die Ilsebill vom Schneider.

FISCHER Für was sind die daher?

FRAU Na, Vater.

FISCHER So.
Nu ja. Ei so. Mit Branntwein und mit Bier
Macht sie nicht viel Geschäft, die Jensen.

FRAU Nein,
's ist gar zu abgelegen. Aber so,
Das bringt schon dann und wann Matrosen her.
Die trinken dann halt besser in Gesellschaft.
So bitt sie doch, jetzt ist die Luft so schön.
Er möchte besser atmen.

FISCHER Das ist so
Das Ganze, was er hat: wenn das nicht wär,
So möcht man ihn grad in die Grube legen,
Und wär kein Mord. Denn wo kein Leben ist,
Ist auch kein Mord.

FRAU Na, geh jetzt, Vater, geh,
Und red dich nicht hinein.

FISCHER *kehrt wieder um* Sie hat uns erst
Den Branntwein geben. Ich mag nicht schon wieder ...

FRAU
So geh doch. Soll er ganz verkümmern drin
In der stinkigen Kammer? Und du bringst ihn
Doch nicht heraus mit deinem Arm.

FISCHER Du, Alte,
Was Glück ist so, das haben wir schon nicht:
Bei mir ein Tau, der halbe Arm ... schön, schön!

Bei ihm die Rah ... der Kopf. Da liegt er so,
Lebt nicht und stirbt nicht.

FRAU JENSEN *tritt aus der Schenke* Nun, was macht der Sohn?

FISCHER

Der Sohn, der macht nicht viel. Er liegt halt so.
Wir möchten Sie schön bitten, wegen ... weil
Ich ihn nicht tragen kann.

FRAU Wir möchten ihn
Ins Schiff hinlegen, daß er doch die Luft
Einatmet.

FISCHER 's ist das einzige, was er hat.

FRAU JENSEN

Wir tragen ihn heraus. Geh, Ilsebill,
Und eine von den Fischermädchen; welche
Ist denn die stärkere? ...

EINE STIMME *aus dem Hause links*

Geh du!

ANDERE STIMME Ich mag nicht!

ERSTE

Ich hab nicht Zeit!

ZWEITE Ich kämme mir mein Haar!

ERSTE Sie lügt, sie liegt im Bett!

ILSEBILL *tritt aus der Schenke. Sie ist blond und voll, noch jung, doch mit Spuren des Verblühens. Sie geht hinüber gegen die Fischerhütte. Ruft nach rückwärts*

So kommt ihr doch!

DAS EINE MÄDCHEN *aus dem Fenster*

Hast du uns zu befehlen?

ILSEBILL *stampft zornig auf* Komm, du Hex!
Vor Mitleid aufgeregt
Er schaut aus wie ein Totes!

STIMME DER ZWEITEN *aus dem Haus*

Du, ich geh,
Ich möcht ihn sehn.

ERSTE *tritt vom Fenster zurück*

Nein, ich!

ZWEITE *drinnen* Jetzt will ich gehen!

ERSTE *drinnen, schreit*

Sie riegelt mir die Tür!

ZWEITE Sie will mich schlagen!

ILSEBILL *an der Tür der Fischerhütte*

Kommt ihr einmal! Wär ich ein Bursch, ich schlüg euch!

Die beiden Mädchen, ziemlich hübsch, verwahrlost, treten aus der Schenke, gehen hinüber.

Ilsebill und das größere Mädchen tragen den Fischerssohn aus der Hütte in das rückwärts liegende Boot. Das kleine Mädchen geht neugierig hinterher. Der alte Fischer hilft mit dem linken Arm tragen.

DES FISCHERS FRAU *zu Frau Jensen; rechts vorne*

Zehn Tag liegt er nun so: seit in der Früh
Am letzten Mittwoch.

FRAU JENSEN Er steht schon noch auf.

FISCHERSFRAU

Zehn Tag, zehn Nächte liegt er so: kein Bissen
Im Mund, kein Tropfen Wasser durch die Kehle.
Sein Puls geht schwach, ein ungebornes Kalb
Im Mutterleibe drin hat stärkern Herzschlag.

FRAU JENSEN

Nu, schlägt doch fort.

FISCHERSFRAU Am Mittwoch in der Früh
Seh ich ihn stehn und reden: da genau,
Wo Ihr nun steht, mit einem fremden Herrn.
Mutter, sagt er, ich fahr den Herrn hinüber,
Und zeigt über die Bucht, dann geht der Fremde
Ein bißl weg, und er tritt her an 'n Zaun
Und sagt: muß ein Engländer sein, drei Taler
Krieg ich, sagt er und lacht, und geht zum Schiff
Und richtet dem ein Kissen her zum Sitzen.

's geht Landwind. Nun, was denn? vor Sonnenaufgang,
Was soll da gehn? Er bückt sich: da auf einmal
Schlägt der Wind um und packt von draußen her
Das Segel wie mit Fäusten, schlägt die Rah
Ihm dröhnend auf den Schädel; ohne Taumeln,
Eh ich aufschreien kann, fällt er ins Schiff ...

DER ALTE FISCHER *ist dazugetreten*

Und seitdem geht der Wind vom Meer herein,
Nicht eine Mütze voll geht umgekehrt,
Bald stark, bald schwach. Ich sitz an dreißig Jahr
Hier an dem Ufer, in den dreißig Jahren
Hab ich das nicht erlebt, Ihr merkt das nicht,
Ich merks, und was es ist ... 's ist nicht natürlich!

Der Fischer und seine Frau gehen in ihre Hütte, Frau Jensen in die Schenke. Die Mädchen stehen im Hintergrund und betrachten flüsternd den Regungslosen. Von rechts her treten auf: der kurze Peter, der faule Klaus, der Portugieser, einer hinter dem andern, dann Elis Fröbom. Peter umschauend, Klaus tabakkauend, Elis den Blick starr zu Boden gerichtet.

PETER

Hier sind wir.

PORTUGIESER Hier?

PETER Zur Stelle!

Frau Jensen tritt aus der Schenke. Peter geht auf sie zu, schüttelt ihr die Hand. Die andern stehen hintereinander: Klaus phlegmatisch, der Portugieser neugierig, Elis den Blick zu Boden.

FRAU JENSEN *knicksend*

Vielleicht, die Herren treten hier herein,
Wenns so gefällig sein wird ...

Die drei stehen verlegen.

PETER Geht! Die hol ich!

Springt nach rückwärts zu den Mädchen. Er bringt die

Kathrine und Regine nach vorne. Indessen stehen Klaus und der Portugieser unbeweglich.
Elis hat sich auf eine der Bänke vor dem Wirtshaus gesetzt ohne sonst auf jemand zu achten.
Peter bringt die beiden Mädchen zu den Matrosen.
Klaus nimmt Kathrine am Kinn.

KATHRINE *schlägt nach seiner Hand*
Pfui, Tran!

FRAU JENSEN *weist auf Elis*
Was ist mit dem? Gehört der nicht zu euch?

PETER *halblaut*
Das ist ein Neriker, laßt den in Ruh.
Wo der her ist, da scheint die Sonne nicht,
Da füllt ein blasses Licht, dem Mond vergleichbar,
Höhlichte Täler, dran das Elchwild äst,
Da sitzt der Nöck am Wassersturz und singt.
Schau sein Gesicht nur an, ists nicht so schleirig
Wie Eulen ihrs? Sein Vater war grad so,
War Steuermann und hatt ein zweit Gesicht
Und wanderte in Moor und Bergesklüften,
Indes sein Leib bei uns an Bord umherging.
Nun kommt er heim und findt die Mutter tot:
Das hat ihm ganz den schweren Mund verschlagen.
Sie wenden sich alle, ins Haus zu gehen.
Peter im Abgehen zu Frau Jensen, die inzwischen Elis einen Becher auf den Tisch gesetzt hat
Ach! neunzehn Wochen kein vernünftiger Hafen!
Alle treten in die Schenke. Elis bleibt auf seinem Platz. Nach einer Weile tritt Ilsebill geräuschlos aus dem Hause und stellt sich vor Elis hin.

ILSEBILL
Kennst mich noch, Elis?

ELIS *nickt* Bist die Ilsebill.
Da, trink.

ILSEBILL Ich dank dir schön. *Setzt sich neben ihn, trinkt. Pause*

ELIS *gleichgültig* Wie lebst?

ILSEBILL *schiebt den Becher zurück* Ich dank dir, gut.
Steht auf. Ich stehl dir deine Zeit.

ELIS Ich brauch sie nicht.
Ich wart auf einen, der ja so nicht kommt.
Auf Niels, den Sohn vom frühern Kirchspielschreiber.

ILSEBILL
Sagst du mit Fleiß den Namen da vor mir,
Damit du mir was tust? Dann geh ich fort.

ELIS
Was ist mit dir und dem?

ILSEBILL Es ist gar nichts.
Es war nur was. *Mit abgewandtem Gesicht*
Ein Kind hab ich gehabt
Von ihm. Der arme Wurm ist tot.
Ich leb. Und jetzt geht mich der Niels nichts an.

ELIS So, so.

ILSEBILL Es ist gar lang her, daß du fort warst.

ELIS *mit künstlicher Gelassenheit*
Ja, ja. Die Mutter muß jetzt so was sein,
Wie da an meinem Stiefel hängt. Und ist
Nicht etwa schnell gestorben ...

ILSEBILL *nickt* Deine Mutter.

ELIS
Und da wir gingen, war sie aus dem Zeug
Wie du und ich, nur besser. Ihre Augen
So rein, ihr Mund viel frischer wie der deine.
Drei Jahr sind freilich eine lange Zeit.

ILSEBILL
Und du hasts nicht gewußt?

ELIS *anscheinend gleichmütig, mit der Ironie tiefsten Schmerzes*

Nein, nein, o nein.
Erst beim Anklopfen. Erst hab ich gemeint,
Es ist ein falsches Haus. Es steht ein Ofen,
Wo sonst ihr Bette stand; und wo ihr Leib
Erkaltete im Tod, da wärmt ein Hund
Den seinen. Und dem Kirchspielschreiber Niels
Hab ich geschrieben, daß er mir das Amt
Ansagt, wo ich die Sachen holen kann,
Wenn was geblieben ist, wie man so schreibt:
Nach Abzug der Begräbniskosten.
Starrt vor sich hin.

ILSEBILL *wischt sich die Augen* Elis!
Laß deine Hand anschauen, nein, die andre.
Weißt du noch, was das ist?

ELIS Die Narbe da?
Das ist ja alles nicht mehr wahr. Wann war das?

ILSEBILL Elis, wir gingen aus der Sonntagsschule,
Da tratest du mir in den Weg.

ELIS Ach ja . . .
Und fragte dich . . .

ILSEBILL Du fragtest nicht, du sprachst:
Was ich jetzt tu, das tu ich zum Beweis,
Daß ich dich liebhab und damit du's glaubst:
Sonst will ich nichts.

ELIS Und schnitt mich da hinein?

ILSEBILL
Du bücktest dich, da lag ein roter Scherben
Von hartem Ton, und damit fuhrst du dir
Wild über deine Hand, daß schweres Blut
Aufquoll.

ELIS Ich schnitt beinah die Sehnen durch. *Lacht trocken.*
Ilsebill bückt sich auf den Tisch und drückt die Lippen auf seine Hand.
Elis zieht die Hand weg, rückt mit dem Stuhl fort.

ILSEBILL Zudringlich bin ich. *Pause*

Elis!

Elis sieht sie an.

Ilsebill mit ängstlich flehendem Blick

Gar nichts mehr?

Elis zuckt die Achseln, klopft seine Pfeife aus.

Ilsebill zögernd

Wenn du nicht wüßtest, wo du wohnen solltest ...
Weil ja die Mutter tot ist, hätt ich nur
Gemeint, du könntest ja bei mir ...

ELIS Schönen Dank.

Ich schlaf an Bord.

Ilsebill sieht vor sich hin.

Elis sucht in seinen Rocktaschen, nimmt ein buntes Tuch, zieht aus der Geldkatze zwei Goldstücke, wickelt sie ins Tuch, schiebt es hin, wo es ihre Hand berührt

Das Tuch da nimm und trags,
Ist indisch Fabrikat. Wers kennt, erkennts.

ILSEBILL *wickelt die Goldstücke aus und schiebt sie ihm wieder hin*

Sei schön bedankt fürs schöne Tuch. Dein Geld
Behalt. Das will ich nicht. Das wär mir nichts,
Von dir Geld nehmen. Dein Geld brauch ich nicht.
Ich schwimm im Gelde, wie man spricht. Ich habs
Nicht nötig. *Lacht, näher dem Weinen.*

DER PORTUGIESER *sieht aus dem Fenster der Schenke*

Blas doch nicht immer Trübsal, Elis, trink
Und laß das Mädel trinken.

ELIS *hält Ilsebill den Becher hin, sie schüttelt den Kopf; er trinkt den Branntweinbecher aus, atmet tief auf und lehnt sich zurück*

Schön warst du freilich. Nun ich trunken hab,
Kommt mirs zurück. Die Züge scharfgezackt
Wie die Korallen, die tief drunten wachsen,

Blaß das Gesicht, allein so rot die Lippen …
So schön warst du, wo hast du's hingetan?
Hör auf mit Weinen. Kann auch sein, du bist
Nicht gar so anders. Ich hab andre Augen.
Den Star hat mirs gestochen, und mir kehrt
Das Leben wie ein Wrack sein Eingeweide zu.
Wenn ich dich anschau, fest, so seh ich deutlich
Zwei Augen, glasig Zeug, gefüllt mit Wasser,
Zwei Lippen, rund wie Egel, auch geformt,
Sie festzusaugen. Was steckt dahinter,
Was denn für große Lust? und dann nachher
Was für ein Schmerz? was weiter für ein Schmerz?
Was ist daran so viel? *Schlägt sich an den Kopf.*
Wie konnt ich träumen
Und danach hungern, immerfort danach!
Es ist doch über alle Maßen schal!
Er streift seine Ärmel auf.
Da trag ich auch so was. Die küßte mich
Und bohrte ihre kleinen Zähne ein:
Ein javanesisches Geschöpf: ihr Reden
Verstand ich so, wie ich ein Tier versteh;
In ihren Augen war was Bittendes,
Wie Hunde bitten, und sie wollte immer,
Daß ihrer Zähne Spur mir nicht verginge –
Denn ihre Lippen freilich waren weich
Wie Blumenblätter – da brannt ich mir das
Als Zeichen ein, damit mirs immer bliebe.
Da lachte sie vor Freude … vor dem Spiegel
Hab ichs gemacht, mit Nadeln macht man das
Und reibts mit Pulver ein.

ILSEBILL
Das bleibt dir nun.

ELIS
Die Haut ist freilich zäh.
Nach einer Pause

Der arme Hund, das Mädchen, wollt ich sagen,
Von Java ... einmal stieß ich so nach ihr,
Wie man nach Hunden stößt ... denselben Abend
Dacht ich an dich: mir war, der Unterschied
Wär riesengroß: ich seh, es ist gar keiner:
So schal bist du mir nun wie damals die.

ILSEBILL *dumpf*
Elis!

ELIS Den Namen wußte die dort auch.
Denselben Abend ... *Starrt vor sich.*

ILSEBILL Elis!

ELIS ... ist mein Vater
Verbrannt. Allein der Hund blieb ganz gesund,
Der Schiffshund, ja. Er schlief mit ihm in einer
Kabine. Die Kabine brannte aus,
Mein Vater mit. Der Hund lief heil heraus,
Mein Vater schlief. Er hatte ein Gesicht
Drei Tage früher. *Starrt vor sich.*

ILSEBILL *ängstlich* Elis!

ELIS *in sehr hartem Ton, abweisend*
Liebes Mädchen,
Verstehst du, *er steht auf, geht auf und ab*
meines Vaters Sohn zu sein,
Das war kein Kinderspiel. Er war nicht hart,
Allein sein Wandeln war stille Verzweiflung.
Tief war sein Sinn. Er lebte in der Furcht.
Er hatte ein Gesicht, ehdem er starb,
Und wußte seinen Tod drei Tage vorher,
Und ging so hin, der alte Mann, und schwieg.
...
Gleich nachher kam die Sehnsucht über mich,
Nach ihm nicht, nach der Mutter!
Setzt sich wieder, flüstert 's war ein Auftrag
Von ihm, drum kams so plötzlich über mich:

Sie geben solchen Auftrag, die dort unten.
Mir fuhr das Schiff zu langsam: in den Adern
Quoll mir das Blut wie schweres glühndes Erz
Und drückte mich zur Nacht: da ward aus mir
Jedwede andre Sehnsucht ausgeglüht:
Dies einzige Verlangen fraß die andern
Im Finstern auf; wär ich im Krampf erstarrt
Und so gestorben, auf den Lippen hätte,
Den starren, jedes Aug den Laut gelesen,
Mit dem du anhebst, wenn du Mutter sagst.
Er steht auf.
Die war schon unten, als ich kam. Die Reden,
Die mir im voraus von den Lippen trieften,
Wie Wasser aus des gierigen Hundes Lefze,
Die schlugen sich nach innen. Mir ist übel,
Die Landluft widert mir, mir widert Seeluft.
Setzt sich wieder.
Mir ist das Bett verleidet und der Becher;
Wenn ich allein bin, bin ich nicht allein,
Und bei den andern bin ich doppelt einsam.

ILSEBILL
Dein Blut ist schwer. Dich hat der große Kummer
Tiefsinnig werden lassen. Geh mit mir.

ELIS
Ich könnte stundenlang auf meine Hände
Hinunterstarren und den fremden Mann
Mir träumen, dem die zwei gehören können.
Ilsebill legt ihr Gesicht auf seine Hände.
Elis seine Hände wegziehend, rauh
Hab ichs nicht schon gesagt, ich schlaf an Bord.
Ilsebill nickt unterwürfig, schleicht sich lautlos fort.
Elis sitzt allein.
Die andern drinnen lärmen und singen. Der faule Klaus und der Portugieser kommen ans Fenster.

PORTUGIESER *beugt sich aus dem Fenster zu Elis*
Wo bist du wieder?
ELIS *spricht über die Schulter, ohne sich umzusehen*
Ich, ja, Portugieser,
Ich bin hinüber.
PORTUGIESER Was?
ELIS Ei ja. Herum
Ums letzte Kap und schwimm mit nackten Masten
Und ohne Steuer in der großen Drift,
Der großen Drift, dort drunten, von woher
Kein Schoner wiederkommt und keine Brigg.
PORTUGIESER
Er redet wie ein Pfarrer!
KLAUS Sauf und schweig!
Gehen vom Fenster weg.
ELIS *vor sich*
Ich bin herunterkommen. Ich war jung,
Da war mir nur ums Fahren. Einen Fußtritt
Gab meinem Kahn der Vater, und die Mutter
Blies ihren letzten Atem in die Leinwand,
Da kam ich gleich hinüber. Und da ist
Die Drift, die große, totenhafte Drift.
PORTUGIESER *wieder am Fenster*
Komm doch herein und iß jetzt einen Bissen!
Geht wieder weg.
ELIS *vor sich hin*
Sagt einer ›guten Bissen‹, so sag ich:
Den besten essen doch die Würmer, freilich ...
Sagt einer: ›Schau, das Mädel, schöne Brüste‹,
Sag ich: ein Stein wär besser. Diese Steine,
Er stößt mit dem Fuß gegen den Erdboden.
Die sind doch auch herum ums große Kap,
Die haben ausgespielt, die spüren nichts.

Er versinkt in ein finsteres Hinträumen. Die drinnen singen.

Der alte Fischer schleicht aus seiner Hütte zu dem Ohnmächtigen hin, betrachtet ihn traurig, geht mit gesenktem Kopf wieder nach Hause.

Frau Jensen, die beiden Mädchen und der Peter kommen aus der Tür herausgetanzt, einander umschlungen haltend.

KATHRINE

Wo ist dein Mann?

REGINE

Wo ist dein Mann?

ALLE DREI

So sind wir halt drei Witwen dann!

KATHRINE

Der meine wollte mich verkaufen
Und's Geld versaufen,
Da bin ich fortgelaufen!

REGINE

Mir lief der meine selber fort!

FRAU JENSEN

Der meine sitzt an einem Ort,
Da möcht er gern und kann nicht fort.

ALLE DREI

Ach Gott, mir ist das Herz so schwer!
Wo nehm ich schnell einen andern her?

REGINE *setzt sich dicht zu Elis*

Ich möcht einen Mann!

PETER

Eine Maultrommel nimm und marschier voran!

PORTUGIESER *ist mit Klaus auch herausgetreten; sie stehen auf den Türstufen*

Wo solls denn hin?

PETER

Meint ihr, wir verhocken den Abend hier?

Ich möcht ein bißl noch was andres haben
Als fades Bier und die paar Mädel da.
Ich weiß euch ein Lokal: ein Keller ists,
Hui, wenn du da hinabkommst, weißt du nicht,
Ob du nicht gar im Meer bist: nichts als Licht
Und Spiegel vorn und hinten, daß dich schwindelt.
Du schiebst dich weiter, und in eine Höhle
Trittst du, da ist kein Licht, kein Öl, nicht Kerzen;
Die ganzen Wände leuchten wie Karfunkel,
Und Bänke stehen drin von rotem Samt,
Da sitzen dir zwei, drei, die können singen!
Du meinst, es wäre künstlich, nicht natürlich!
Und wenn sie dann gesungen haben, wenn sie
Sich zu dir setzen, weißt du gar nicht erst,
Was du mit einer solchen reden sollst:
Dir nimmts den Atem, wie sie nach Vanille
Und Rosenwasser riecht. Und willst du trinken,
Greifst in die Wand der Höhle, wo du willst,
So faul du kannst, das Mädel auf den Knien,
Drehst einen Hahn, hältst unter, rot und grün
Kommt ein Getränke, stark und süß zugleich,
Wie Feuersirup, und die Mädel, du . . .
Geht auf Elis zu, schüttelt ihn an den Schultern.
Du willst nicht mit? Du bist ja gar kein Seemann,
Hätt ich ein Schiff, mir tät es grausen, grausen,
Dich mitzunehmen, dich.

ELIS *sieht einen Augenblick ihm ins Gesicht, dann zu Boden*
Das kann wohl sein,
Daß ich kein Seemann mehr bin, kurzer Peter!

PETER *zornig, daß ihm Elis nicht widerspricht*
Ein Maulwurf bist du, weiter nichts!
Links vorne ist unscheinbar der alte Torbern aufgetreten. – Er ist ein kräftiger, etwas gebeugter Mann, dem Ansehen nach kaum siebzig. Trägt altertümliche Bergmanns-

tracht, völlig abgetragen und verschossen. Hat blutumränderte merkwürdige Augen. Steht dort in der linken Ecke, an den Zaun gelehnt, von niemandem beachtet, und läßt seine Augen auf Elis ruhen.

ELIS *sieht Peter groß an* Ja, Peter,
Das kann schon sein. Mir ist, du hast ganz recht.
Das ist nicht dumm, was du da sagst. Mir wär
Sehr wohl, könnt ich mich in die dunkle Erde
Einwühlen. Ging es nur, mir sollt es schmecken,
Als kröch ich in den Mutterleib zurück.

Er steht auf, fährt mit den Händen wie staunend an seinem Leib herab.

Mir löst sichs jetzt, daß dieser hier mein Leib
Nur ein Geköch ist aus lebendigen Erden,
Verwandt den Sternen auch. Wär das nicht so,
Wär nicht gewaltsam nur die Nabelschnur
Zerrissen zwischen mir und den Geschöpfen,
Den andern, dumpfen, erdgebundenen:
Wie dränge mir ans Herz des Hirschen Schrei?
Wie möchte dann der Linde Duft mein Blut
Bewegen? wie verschlänge mich die Nacht
In schwere Träume? wie gelüstete
Mein Leib, die Gleichgeschaffnen zu berühren?

Tut ein paar schwere, gleichsam gebundene Schritte nach vorwärts; spricht gegen den Boden

Du tiefes Haus, was streben wir von dir,
Wir sinnentblößt Wahnwitzigen aufs Meer,
Dem Lügensinn, dem Aug allein gehorchend,
Der uns vorspiegelt, was für ewig uns
Verborgen sollte sein, die bunte Welt,
Die wir doch nie besitzen!
Seht, die Unke,
Das tagblinde verborgene Geschöpf,
Ist strahlend gegen unsre Finsternis

Und winkt mir mit bediademtem Haupt:
Denn ihr ist noch Gemeinschaft mit der Erde!

REGINE *schreiend*

Nimm dich in acht, es hört dir einer zu!
Springt weg, schlägt ein Kreuz über ihn.
Torbern ist einen Schritt näher getreten.
Die anderen stehen rechts rückwärts beisammen, im Begriff, wegzugehen.

KLAUS

So war sein Vater, wenns ihn überfiel!

PETER

Laßt ihn allein. Nachher wird er wie immer.
Sie wenden sich zum Gehen.

ELIS *an dem Busch, der vorne steht; immer gegen den Erdboden sprechend*

Haus, tu dich auf! gib deine Schwelle her:
Ein Sohn pocht an! auf tu dich, tiefe Kammer,
Wo Hand in Hand und Haar versträhnt in Haar
Der Vater mit der Mutter schläft, ich komme!
Entblößt euch, ihr geheimnisvollen Adern,
Ausbluten lautlos sich die meinen schon!
Mein Haar sträubt sich vor Lust, bei euch zu sein,
Ihr Wurzeln, die ihr an dem Finstern saugt,
Euch funkelnd nährt aus jungfräulicher Erde!
Mein Herz will glühn in einem Saal mit euch,
Blutrote Funkelsteine, hocherlauchte,
Schlaflose Lampen, täuscht mich nicht, ich seh euch,
Ich seh euch glühen wie durch fahles Horn,
Versinkt mir nicht, ich halt euch mit der Seele!
Tiefer gebückt, wild atmend.
Die anderen sind fort.
Torbern steht vor ihm, hüllt ihn in seinen Blick.
Elis auffahrend, in völlig verändertem Ton
Wer bist du, der mir zuhört? Was hab ich

Geredet? Wer bist du? Die Worte brachen
Aus mir hervor ... *Stark*
Das hast du mir getan!

TORBERN Und wie?

ELIS *ohne ihn anzusehen*
Das frag ich mich. So warst du's nicht?
Du warsts! Du sprachst ein Zauberwort.

TORBERN *sehr laut* Sprach ich?
Kleine Pause. Flüsternd
Bedurft es dessen auch? Entquoll den Lippen
Von selber nicht das rechte Wort? Entglomm
Dem Aug von selber nicht der starke Strahl?

ELIS
Mir war, ich sähe in den Grund. Mein Blut
Macht mir was vor.

TORBERN Du blöder Tor, gib acht.

ELIS
Zuerst so leise, nun so überlaut!
Willst du betrügen?

TORBERN *sehr leise* Meiner Stimme Klang
Bin ich entwöhnt.

ELIS Wo kamst du her?

TORBERN Von dort,
Wo du hin willst.

ELIS *zurücktretend* Ich weiß nicht, was ich sprach.

TORBERN *leise*
Doch sinds der Seele tiefgeheimste Wünsche,
Die sich dem unbewußten Mund entringen.

ELIS
Wer seid denn Ihr?

TORBERN
Ein Bergmann. Hast du keinen noch gesehn?

ELIS
Der Mutter Vater war ein Bergmann auch.

Sein Kleid war ähnlich, doch auch wieder anders.
Was wollt Ihr von mir?

TORBERN Nur den Weg dir zeigen.
Ich kam, weil du mich brauchst.

ELIS Ich brauch dich nicht.

TORBERN
Du brauchst mich, wie ich dich.

ELIS Ich bin ein Seemann ...

Torbern lacht.

ELIS *stutzt; fährt dann fort*
Zurück aus Indien und nehm nächstens Handgeld
Nach Grönland. Guten Abend. *Will gehen.*

TORBERN *hält ihn sanft* Elis Fröbom ...

ELIS
Wir haben miteinander nichts zu schaffen,
Als ... etwa ... da ... *Will ihm Geld geben.*
Was hältst du meine Augen
Mit deinem Blick? *Macht sich los.*
Ei, geht und laßt mich gehn.

Er geht einige Schritte, wird langsamer, bleibt stehen.

TORBERN *sieht ihm nicht nach, bückt sich, betrachtet einen Kiesel*
Ich halt Euch nicht.

Elis geht, wie gezogen, wieder zu ihm zurück.
Torbern richtet sich jäh auf.

ELIS
So ists ein Auftrag, den du hast an mich?

TORBERN
Nenns immer so. Mir ist es aufgetragen,
Daß ich den Weg dir zeig, und dir ...

ELIS *fieberhaft* Und mir?

TORBERN
Daß du ihn gehst.

ELIS *wie verloren* Ich wollte jetzt fortgehn.

TORBERN

Doch kamst du wieder.

ELIS Wußtest du's voraus?

Pause

Womit bezwingst du mich?

TORBERN *rasch* Mit deinem Willen.

ELIS

Der war, zu gehn!

TORBERN Der ist: mit mir zu gehn

Nach Falun und ein Bergmann dort zu sein.

ELIS *tonlos*

Zu werden?

TORBERN Keiner wird, was er nicht ist.

Eine starke Pause

ELIS

Was hält mich hier?

Er spricht mehr zu sich als zu dem andern.

Was soll ich mir gewinnen
Und was der Preis, womit ichs zahlen soll?
Hier steh ich, Elis Fröbom, ein Matros
Und eine Waise: wenn dies hier die Falltür
Der Hölle ist, und der des Teufels Bote,
Und meine Seele das, worauf er ausgeht,
So gib mir du, an den mein Flehn sich klammert,
Ein Zeichen, dran ich mich ermannen kann!

Pause

Wenn ich mich zwingen wollte und es lügen:
Die Zunge bäumt sich gegen meinen Willen,
Und sie bekennt: in mir geht etwas vor!

Er befühlt sich.

Was immer nun dies sei, ich kann nicht anders!
Die Knie werden schwer . . .

TORBERN Denn es verlangt sie

Hinabzusteigen.

ELIS Wolken droben, Bäume,

Sie werden fahl ...

TORBERN Dein Aug will Schönres sehen!

ELIS

Mich faßt aus Klüften ein gewaltiger Hauch ...

TORBERN

Dir widert Landluft, Seeluft widert dir.

ELIS

Der Boden wankt! *Klammert sich an den Busch.*

TORBERN Steh! Seemann, schwindelt dich?

ELIS *schon im Versinken*

Ich sinke ja! es nimmt mich ja! ich muß!

Er versinkt völlig.

Rasche Verwandlung

Im Innern des Berges. Ein nicht sehr großer Raum, rechteckig, dessen Wände aus dunklem, fast schwarzem Silber. Zwischen Pfeilern rechts ein Ausgang, von Finsternis völlig verhangen, zu dem drei runde Stufen aufsteigen. Die Decke flach gewölbt. Alles aus dem gleichen, prunkvoll finsteren Stoff gebildet.

ELIS *steht mit dem Rücken an die linke Seitenwand gelehnt, die Augen weit aufgerissen; das Weiß seiner Augen ist im Anfang das einzige Helle in dem finsteren Raum, auf dem die Schwere undurchdringlicher Wände lastet.*

Ich hab geträumt! Jetzt lieg ich wach! Ich lieg
In meiner Koje. Nein, ich steh. Ich bin
Ganz angezogen. Hier ist Hartes: Stein.
So bin ich blind! Ich fiel: doch schmerzt mich nichts.
Ich fiel endlos durch rötlich schwarze Schlünde.
Ich bin nicht blind. Ich sehe meine Hände!
Ich bin allein in einem finstern Raum.
Nein, nicht allein! Da! da! da! da!

Die Bergkönigin ist zwischen den finstern Pfeilern rechts hervorgetreten und steht auf der obersten der drei dunklen Stufen. Vom Scheitel bis zur Sohle ist sie in schleierhaftes Gewebe gehüllt, dem ein sanfter Glanz, das gedämpfte Leuchten ihres Körpers, entströmt. Am stärksten leuchtet ihr Scheitel, wo ein fast glühender Reif in funkelndem Haar den Schleier zusammenhält. Die lautlose Gestalt, die unmerklich bebt wie eine hochstielige Blume, strömt in den ganzen Raum eine mäßige Helle aus, und die finstern Silberwände blinken manchmal auf.

ELIS *auf die Gestalt hinstarrend* Ich träum
Und träum nur, ich bin wach.

KÖNIGIN Nein, Elis Fröbom,
Nun träumst du nicht.

ELIS Es spricht zu mir.

KÖNIGIN *ohne sich zu regen* Er meint,
Er liegt im Traum. Bring ihm zu trinken, Agmahd.

Der Knabe Agmahd kommt lautlos die Stufen herab. Er ist völlig schwarz gekleidet. Sein Kopf ist hell, mit weichem blondem Haar. Er hat meergrüne Augen, die seltsam ins Leere zu starren scheinen. Er trägt auf silberner Schüssel einen silbernen Becher, aus dem schwaches Leuchten steigt. Lautlos gleitet er auf Elis zu und bleibt vor ihm stehen, den Becher aufwartend.

ELIS
Du liebliches Gesicht, wo kommst du her?
Laß mich dein Haar anrühren! Kennst du mich
Nicht mehr? Ich bins, der bei dir lag, so oft, so oft,
Dort bei den Palmen, dort am stillen Fluß.
Weißt du's nicht mehr? wie ich dich lehrte, dich
Zu spiegeln hier in meinen beiden Augen,
Und wie ich mir dein Zeichen in den Arm
Einschnitt? Sieh mich doch an, weißt du nichts mehr?
Wie? Trinken soll ich, weil die dort es will.

Er nimmt den Becher und trinkt.

Es glüht und schäumt und schüttert durch mein
Innres hin.
Bieg mir dein Antlitz her! Verfärbst du dich?
Wie anders scheinst du nun! Du bist kein Mädchen ...
Du bist es, du Ertrunkner, lieber, lieber!
Nicht wahr, wir waren Freunde! Daß du starbest!
Wir zogen dich heraus, da lagest du:
Dein Leib war hell und kühl wie Elfenbein:
Ich kaufte ein geweihtes Licht und saß
Die ganze Nacht bei dir, es drückte mich,
Daß ich nicht weinen konnte, und ich sah dich an.
Kommst du jetzt, mir das danken? Bleib doch hier!
Was schwankst du fort? Laß mich nicht hier allein.

Der Knabe Agmahd hat sich von ihm entfernt, ist plötzlich im Dunkel der Wände wie verloschen.

Und du! Du bebst! Bebst du vor Ungeduld?
Sinnst du auf meinen Tod? Du! du!

KÖNIGIN

Ich acht auf dich.

ELIS

Mir grauts vor dir.

KÖNIGIN

Warum? Du kennst mich nicht!

Sie wirft mit einer ungeduldigen Bewegung die Arme nach rückwärts und faltet die Hände im Nacken, so daß die weiten Ärmel zurücksinken und die wundervollen Hände sichtbar werden.

ELIS

Den Händen, die du hast, entblüht ein Glanz,
Mir ist, als trät mein Blut aus mir ins Freie,
Wenn ich hinseh.

KÖNIGIN *streckt die Rechte aus*

Tritt her und rühr sie an.

ELIS *unbeweglich an seinem Platz*

Ich kann nicht. Wir sind nicht aus einer Welt.

Ich kanns nicht fassen, daß ich hier steh, ich!
Warum denn *ich*? Droben sind Tausende!
Warum denn *ich*? Mich schauderts bis ins Mark.

KÖNIGIN

Und ich hab mich so lang nach dir gesehnt.
Wohl hundert Jahr. Was zuckst du? Grauts dich so?
Sieh, ich kann doch für dich nicht fremder sein,
Nicht unbegreiflicher als du für mich.
Mich schauderts nicht. Und glaub mir, manches, was ich weiß
Von euch da droben, ist wohl schauerlich.
Ich weiß, ihr kennt das Angesicht des Wesens,
Das euch geboren hat. Ihr nennt es ›Mutter‹,
Wohnt unter einem Dach mit ihm, berührt es!
Das macht mich grauen, wenn ichs denken soll.
Ich weiß, ihr schlummert niemals lang, doch wenn
Ihr euch hinlegt zu einem langen Schlaf,
So seid ihrs schon nicht mehr: der Erdengrund,
Der mich mit klingendem Gehäus umschließt,
Euch löst er eure Glieder auseinander,
Und Bäume wachsen auf aus eurer Brust,
Und Korn schlägt seine Wurzeln euch im Aug.
Und die dann droben leben, die ernährt,
Was also aufkeimt aus der Brüder Leib.
Mich dünkt, ich stürb vor Graun, müßt ich so leben
Hervor aus einem Leib, hinab zu Leibern.
Und wenn ich eurer einen atmen seh,
Werd ichs nicht los, mir ist, als müßt an ihm
Noch hängen Ungewordnes und Verwestes,
Als wär er nie allein, wo er auch geht und steht.
Und dennoch lieb ich dich und will dich halten!
Ringt ungeduldig die Hände.
Graut dir, daß ich schon war, bevor du warst?
Macht dich das zornig, daß ich schlafen kann,
So lang und rein und tief? Daß ich allein bin,

Nur spielend mit Geschöpfen, die mir dienen?
Gib mir doch Antwort, steh nicht stumm und hart!
Sieh: euch da droben flutet ohne Halt
Die Zeit vorüber, doch mir ists gegeben,
In ihren lautlosen kristallnen Strom
Hinabzutauchen, ihrem Lauf entgegen
Und ihren heiligen Quellen zuzugleiten!
Heft nicht so dumpf den starren Blick auf mich!
Begreifst du nicht: das uralt heilige Gestern,
Ruf ich es auf, umgibts mich und wird Heut:
Und Dunkelndes und Funkelndes vergeht,
Und Längstversunknes blüht und glüht herein.

Indem die Wand des Hintergrundes durchsichtig wird, tut sich eine tiefe Landschaft auf. Über hellgelb leuchtende Gewässer neigen sich ungeheure Bäume, bald von glühenden, bald von zarten Farben. Im fernen Hintergrunde werfen mächtige dunkle Abgründe und Felsenwände einander geheimnisvollen metallischen Schein zu.

Und wieder tauch ich auf und laß dies alles
Hinunterrollen in die ewigen Tiefen!

Indem sie so weiterspricht, ohne sich im geringsten zu wenden, steht rückwärts wieder die finstere, dann und wann aufblinkende Wand von dunklem Silber.

Ahnst du denn nicht, wie mächtig Geister sind,
Und bist doch einer! Wirst du immer bleicher?
Vielleicht ist dies Musik vor deinem Ohr!

Schlägt in die Hände. Der alte Torbern steht plötzlich da, das Gesicht ihr zugewendet, in dem von ihr ausgehenden Lichte regungslos wie ein ehernes Standbild.

Sprich zu ihm, Torbern. Hilf mir du, ihn fassen!
Dich wird er hören, weil du auch ein Mensch.

TORBERN

Mich ekelt seine Dumpfheit. Königin,
Ist dies das letzte Mal, daß ich dich sehe?

KÖNIGIN

Ich weiß nicht.

TORBERN Wohl, ich weiß! Und er steht da,

Wo ich einst stand!

KÖNIGIN Sprich nicht davon!

Sag ihm, wie über aller Menschen Lose
Dein Los anschwoll. Wie du verlernen durftest,
Zu messen dich mit ihrer Zeiten Maß.
Wie dir zu Dienst das wogende Gewässer
Vor deinen Füßen starrte, dich zu tragen.
Wie dich die Kraft, die in dir wuchs und wuchs,
Hin über Klüfte riß, wie ihre Sterne
Herniederstürzten, deinem Pfad zu leuchten.
Sag ihm . . .

ELIS Nun, wie geschah dies, Torbern, wie?

TORBERN

Vom Anfang soll ich reden, nun das Ende
So nah? Entkräftend faßts mich an wie fahle Träume.
Es ist so lange her. Die nun im Sarge liegen,
Damals stand noch der Baum in jungem Saft,
Der später, später gab das Holz zu ihren Wiegen.
Verlernen durft ichs, mich mit ihrem Maß zu messen.
Verlernen durft ich alles, was sie meinen.
Die ganze Welt, die sie mit dumpfem Sinn
Aufbaun, brach mir in Stücke. Ob ein Mensch,
Ich ward ein Geist und redete mit den Geistern.
Von ewiger Luft umwittert, ward ich schnell
Dem dumpf umgebend Menschlichen entfremdet:
Mir galt nicht nah, nicht fern: ich sah nur Leben.
Er tut einen tiefen Atemzug.
Da droben waren welche, die mit Armen
Und Lippen klammernd als an einem Teil
Von ihrem Selbst an mir inbrünstig hingen:
Ich schüttelte sie weg von meiner Brust.

Mein Herz schwoll auf und redete bei Tag
Und Nacht mit den Abgründen und den Höhen,
Und meinem seligen Aug entblößte sich
Die Schwelle deines Reichs ...

KÖNIGIN *schnell* Nichts davon, Torbern,
Hier steht er ja und weiß nicht, wie ihm ist!
Nun geh.

TORBERN Muß ich?

KÖNIGIN Hast du noch nicht gelernt
Zu fühlen, was du mußt?

TORBERN
So schwank ich denn im Kreis dem Anfang wieder zu,
Und so begegn ich dem, der nach mir kommt.

KÖNIGIN
Er wird dich rufen.

TORBERN Mag er folgen,
Wo er mich schreiten sieht, doch stumm, mich ekelt
Gespräch der Menschen. Mag er sich von Zeichen
Zu Zeichen tasten, endlich trifft er her.
Und ich – er soll schnell kommen! – in mir flackerts
Und zuckts und will verlöschen! Jahre glitten
An meinen Wimpern ab wie leichter Duft
An Felsenwänden ... und nun zehrt der Hauch
Von einer einzigen Nacht mit Wut an mir;
Und wo ich ruhe, mein ich schon zu sinken.
Er verschwindet.

ELIS
Ihn treibt ein ungeheurer Geist umher,
Er kam zu dir und durfte bei dir wohnen,
Die Jahre hatten ihm nichts an, er hing
An deinem Aug, an deinem Leib ... Erbarm dich meiner:
Er trat heran, er durfte dich berühren,
Er! er! doch ich! wie ich?

KÖNIGIN Du bist wie er.

ELIS

Die Stimme, die du hast, greift mir ins Innre.
Ich will mit dir sein können!

KÖNIGIN Bist du's nicht?

ELIS Dies Grauen ...

KÖNIGIN Wirfs von dir!

ELIS Wie konnt ich kommen?

KÖNIGIN

Fragst du aufs neu? Weil du ein Geist wie ich.
Dein Mund sprach mächtige Worte aus.

ELIS Doch wann?

KÖNIGIN

Du sehntest dich herab, den Boden schlug
Dein Fuß, unwillig trugst du, zornig atmend,
Den Druck der irdischen Luft, dein Blick durchdrang
Die Niedrigkeit, dein Mund verschmähte sie,
Ein ungeheurer Strahl entglomm dem Aug,
Und das Gewürme floh, die Finsternis
Trat hinter sich, so wie sie's tut vor mir!

ELIS

Wie kam es über mich!

KÖNIGIN Es schläft in euch.
Doch ahnt ihrs nicht. Du warst zu Tod erstarrt,
Dein Mund verhangen, deine Augen öd.
Da trats in dir empor, und wie im Traum
Griffst du mit Aug und Mund nach Strahlendem,
Gebunden wie ein Kind, und doch ein Zauberer!
Und halb noch dunkel, halb wie Geister leuchtend,
Ergriffs dich, unbewußt herabzusteigen!
War dir, du fielest? war dir nicht, du flogest?
Und fühltest nicht, wie ich im Dunkel stand
Und bebte?

ELIS

So darf ich hingehn und dein Antlitz sehn?

KÖNIGIN Tritt her!

Elis tritt zu ihr.

Königin steigt die Stufen herab, ihm entgegen, hebt mit der Linken den Schleier von ihrem Antlitz, so daß sein Gesicht, von unten ihr entgegengehoben, ganz von ihrem Abglanz überflutet wird.

ELIS *schreit auf*
Ah! *Duckt sich, geblendet, gegen den Boden.*

KÖNIGIN *läßt den Schleier wieder zufallen, richtet sich auf, spricht sanft*
Sinn ich auf deinen Tod? Wirst du's ertragen,
Mit mir zu sein? Wirst du die ganze Welt
Bei mir vergessen können?

ELIS *vor ihren Füßen, seiner Stimme nicht mächtig*
Sprich langsamer. Dein Antlitz funkelt so
Vor meinen Sinnen!

KÖNIGIN Elis!

ELIS Wie?

KÖNIGIN Merk auf!
Du darfst nicht bleiben.

ELIS Wie?

KÖNIGIN Du mußt hinauf
Und wiederum herab. Komm bald! komm bald!
Du!

ELIS *schwach, völlig vor ihr liegend*
Ich muß sterben, wenn du mich verhöhnst.

KÖNIGIN
Hör mich: es muß so sein.

ELIS Wie?

KÖNIGIN Hör mich, Lieber.
Ich darf dich noch nicht halten. Ich kann dir
Noch nicht gehören. Deine Sinne sind
Mit Sehnsucht vollgesogen noch nach denen
Da droben.

ELIS Wie?

KÖNIGIN Dir ist es nicht bewußt.

Doch hab ichs wohl gesehn. Der Knabe Agmahd,
Ein schwankend wesenlos Gebilde ists:
Ein Spiegel. Jedem zeigts, was heimlich ihm
Am Herzen ruht. Du stießest sie von dir,
Die droben, aber etwas lebt von ihnen,
Noch etwas lebt in dir. Du mußt hinauf ...

ELIS *schwach* Ja.

KÖNIGIN Und ein Bergmann sein. In Einsamkeit,
Tief eingewühlt in Dunkel. Immer näher ...

ELIS

Ja.

KÖNIGIN

Geh dem Alten nach, er weiß den Weg,
Ob widerwillig auch, er zeigt ihn dir.

ELIS

Ja.

KÖNIGIN *berührt ihm leise die Schulter*

Auf, mein Zauberer!

ELIS Weh, du wirst mir bleicher!

Die Gestalt der Königin wird undeutlicher, endlich unsichtbar.

Ich seh dich nicht! Erbarmen! Gib mir Antwort!
Sag noch ein einzig Wort zu mir!

STIMME DER KÖNIGIN Komm bald!

Verwandlung
Die Szene wie zu Anfang des Aufzuges.
Elis taucht aus dem Erdboden empor, liegend, mit geschlossenen Augen. Es dunkelt. Die Fenster der Schenke, die nun geschlossen sind, blinken noch einmal auf, erblinden dann.

ELIS *schlägt die Augen auf, richtet sich jäh auf*

Dorthin! dorthin! Nun zeig den Weg! Wo bist du?

Läuft ans Fenster der Schenke, schlägt daran, versucht hineinzusehen.

FRAU JENSEN *aus der Schenke tretend*

So kommt Ihr wieder? Nun, mir war nicht bang.

ELIS *ohne Atem* Der Alte, wo?

FRAU JENSEN Der da war, der? der Bettler?

ELIS

Ein Bettler, er, der Könige machen kann!
Weib, wo er ist?

FRAU JENSEN Ja, was weiß ich?

ELIS Vernichtung!

Besinnt sich.

Hier, nehmt Euch selbst.

Wirft ein Geldstück hin. Und nun ist Eins zu sorgen.
Ich muß nach Falun.

FRAU JENSEN Wo's hinuntergeht.
Ins Innere des Berges?

ELIS Recht! Und das
Sogleich, eh diese Nacht zu Ende geht.

FRAU JENSEN

Wie wollt Ihr das?

ELIS *seine Geldkatze in der Hand*

Ich reit ein Pferd zu Tod
Und kauf ein neues, wo das erste fiel.

FRAU JENSEN

Nicht in drei Tagen und dazu drei Nächten
Trägt Euch ein Saumtier durch die Pässe hin,
Zu Wasser aber ...

ELIS Also denn zu Wasser.
Hier wohnen Fischer, schaukelt doch ein Boot,
Des Menschen ist es wohl, der drinnen schläft:
Ich wecke ihn denn!

FRAU JENSEN *hält ihn*

Den rührt nicht an, der schläft nicht irdischen Schlaf:
Wo der liegt, ist die Schwelle schon zum Jenseits!

ELIS

Die will mein Fuß betreten: Er soll aufstehn
Und mir den Weg nicht sperren!

Des Fischers Sohn richtet sich auf und tritt aus seinem Boot ans Land.

FRAU JENSEN *aufschreiend* Gott im Himmel!

Fliegt an des Fischers Haus.

Alt-Fischer, Fischer-Mutter, Euer Sohn!

Der alte Fischer läuft heraus, reißt die Mütze vom Kopf. Seine Frau hinter ihm.

DER ALTE FISCHER

Mutter, Mutter, still!

DES FISCHERS SOHN *ein großer, starker blondbärtiger Mann, geht ruhig auf Elis zu, macht einen Kratzfuß, sagt*

Das Schiff wär fertig, wenn der Herr jetzt will.

Fischer und Frau kommen von der Seite, betrachten den Sohn mit scheuer Ehrfurcht.

DER ALTE FISCHER *nimmt mit gespreizten Fingern den Sohn bei der Hand, mit zitternder Stimme*

Mein Sohn, mit dir hat sich ein großes Wunder
Begeben!

DER SOHN *ruhig*

Mutter, führ den Vater weg:
Er hat schon trunken, eh die Sonne auf ist.
Ich hab nicht Zeit, ich muß den Fremden führen.
Nach Falun will der Herr!

DER ALTE FISCHER Mein Kind, erkennst
Denn nicht, die Sonn ist unter, Nacht bricht an!

DER SOHN

Laß, Vater, wir sind eilig, und der Landwind
Ist stark und gut. Grad hat er mir die Rah

So hinters Ohr geschlagen, wie zum Zeichen,
Daß ich mich nicht versäumen soll.

DER ALTE FISCHER *feierlich* Der Landwind,
Der ist verschwunden seit zehn Tagen, Sohn.
Ein starker Windstoß.

DER SOHN Und da sollt Abend sein!

DER ALTE FISCHER *erregt* Mein Sohn, mein Sohn!

DER SOHN *zur Mutter*
So führ ihn weg! Er redet nicht Verstand.
Zu Elis, munter
Das ist der rechte Wind auf Falun zu.
Der Herr wird wohl zufrieden sein. Geh, Mutter,
Bring mir die Mütze noch. Gleich, Herr, sogleich!
Er geht zum Schiff, tut noch die letzten Handgriffe. – Der Wind wird stärker, der Himmel immer dunkler. Das Folgende rufen die beiden einander zu, indem sie die Hände schallverstärkend an den Mund heben. – In der Ferne, über den blauen Bergen, die nun nicht mehr sichtbar sind, fällt ein Stern.

ELIS
Du! du! Fiel nicht ein Stern?

DER JUNGE FISCHER
Ja, Herr, grad über Falun hin!

ELIS
Der tote Mann stand auf zu meinem Dienst,
Die Sterne stürzen, meinem Pfad zu leuchten,
Und wenn dies Boot zerscheitert unter mir:
Die grüne Woge starrt und wird mich tragen.
Mein Innres schaudert auf, und fort und fort
Gebierts in mir ihr funkelnd Antlitz wieder . . .
Und was mir widerführ, nun sterb ich nicht,
Denn dieser Welt Gesetz ist nicht auf mir.
Er springt ins Boot, das sogleich vor dem Wind liegt.
Der Vorhang fällt.

INHALT

GEDICHTE

Suhrkamp Verlag GmbH
Torstraße 44, 10119 Berlin
info@suhrkamp.de
www.suhrkamp.de